Sur le bateau-phare

Herman Knickerbocker Vielé

Writat

Cette édition parue en 2023

ISBN : 9789359257600

Publié par
Writat
email : info@writat.com

Contenu

INTRODUCTION

"À bord du vaisseau-lumière" est le titre - conservé avec une déférence affectueuse pour son intention - qui aurait été donné à ce recueil d'histoires par leur auteur. Si Vielé avait vécu un peu plus longtemps, il l'aurait justifié en les plaçant dans un décor typiquement fantastique et typiquement original.

Il avait prévu de les encadrer dans une histoire enveloppante décrivant et rendant dûment compte de la rencontre fortuite à bord d'un navire de ce type inhabituel de compagnie hétérogène ; et, ayant, à sa manière fantaisiste, disposé de manière convaincante des conditions qui ne correspondaient pas exactement à la plus stricte probabilité, il a intégré les différentes histoires dans leur encerclement de manière à ce que leur narration, à son tour, soit venue facilement et naturellement de ces descendants du monde. mer.

C'était un projet qui lui tenait entièrement à cœur. J'imagine le plaisir qu'il aurait trouvé à faire fonctionner ses machines, toujours à l'abri des regards et toujours en mouvement avec une douceur silencieuse, pour réunir dans ce lieu étrange sa compagnie de conteurs. Il aurait utilisé, bien sûr, le bateau-phare et les gardiens de phare comme son véritable travail de base. Le navire et l'équipage auraient été présentés d'une manière concrète, en accord avec leur existence factuelle reconnue, ce qui aurait subtilement inculqué l'habitude de croire dans l'esprit de ses lecteurs : et ainsi les aurait conduits en avant doucement, étant en quelque sorte hypnotisé, jusqu'à croire également - alors qu'il glissait avec légèreté, avec apparemment la même simplicité et la même ingénuité - dans ce qui n'aurait certainement pas été des explications factuelles sur la façon dont ces conteurs se sont produits. être en liberté sur l'océan avant d'être embarqués !

Jusqu'ici, je peux le suivre : mais le jeu d'imagination qu'il aurait mis dans ses explications - alors qu'il expliquait de toutes sortes de manières très probablement impossibles la dérive de ces épaves et leur sauvetage à bord du bateau-phare - aurait a été si entièrement le jeu de sa propre imagination individuelle et alerte que cela dépasse ma connaissance. Tout ce dont je peux être sûr — et dont je suis très sûr — c'est que ses explications de ce phénomène marin et de la venue de ses divers membres hors de la mer et par-dessus le bastingage du navire auraient été très délicieusement et très spécieusement. satisfaisant. Que les explications aient pu être moins convaincantes lorsqu'elles ont été analysées de manière critique est un détail négligeable : la seule exigence essentielle d'un conte fantastique est qu'il soit convaincant au fur et à mesure de son déroulement.

Même mon bref aperçu de cette histoire, qui ne sera plus jamais racontée, montre à quel point elle s'accorde harmonieusement avec la méthode littéraire de Vielé. Il se plaisait à créer des conditions délicatement fantastiques, à la limite de l'impossible ; et, après les avoir créés, en résolvant leurs éléments en ce qui semble banal et apparemment probable, que l'art raffiné avec lequel il travaillait ses transmutations était voilé par la perfection même de sa réalisation.

Telle fut la méthode qu'il employa pour réaliser ce que je chéris comme son chef-d'œuvre : « L'Auberge de la Lune d'Argent » — une histoire racontée si simplement et si directement, et avec une telle couleur de franchise engageante, que chaque tour dans sa série de situations impossibles légèrement ajustées, il est accepté avec un plaisir indiscutable ; et cela laisse dans l'esprit du lecteur – même lorsqu'il est libéré du charme qui l'oblige à croire tout au long de sa lecture – une impression durable de vérité. C'était précisément la méthode d'une forme exquise d'art littéraire qui ne s'est pas épanouie plus parfaitement, je le tiens avec soumission, depuis l'époque de l'école dite romantique en Allemagne : quand de la Motte Fouqué créait Ondine, et Eichendorff a créé le « Bon à rien », et le monde entier s'est mis à marcher d'un pas gai et rapide sur une musique douce et brillante qui était restée silencieuse pendant près de trois cents ans.

Au-delà de reconnaître qu'il s'agit du même genre, classer « L'Auberge de la Lune d'Argent » avec « Ondine », c'est le rabaisser par une sur-affirmation ; mais le classer avec « Aus dem Leben einer Tongenichts », c'est faire une comparaison en sa faveur : puisque la fin heureuse d'Eichendorff est un peu forcée et un peu tapageuse ; tandis que la fin heureuse de Vielé est aussi inévitable que gracieuse - un résultat qui découle doucement de toutes les conditions précédentes et si adroitement révélé au moment culminant critique qu'une finition parfaite est donnée à la logique délicieusement parfaite de sa surprise.

La manière de faire les deux histoires est identique ; tout comme leur charme particulier. Dans la préface de sa traduction du « Bon à rien », il y a quarante ans et plus, Charles Godfrey Leland écrivait : « Comme un oiseau, le jeune héros vole avec sa musique au-dessus de l'Autriche et de l'Italie, comme un semi-mystérieux dans sa démarche non préméditée, nourrie par le hasard, et aussi agréable par son caractère naïf" ; ce qui est près d'être, si l'on lit par naïveté une naïveté sophistiquée, une description exacte du voyage commun de *Monsieur Vifour* et de *Mademoiselle de Belle Isle*. Et Leland d'ajouter : « Ce qui caractérise de manière frappante l'ensemble du livre, c'est qu'il regorge de touches artistiques adroitement cachées qui produisent un effet sans trahir l'effort de l'écrivain. Nous sommes prêts à déclarer que nous n'avons jamais lu une histoire aussi légère. et aéré, ou trahissant si peu de travail ; mais l'étude critique nous dit bientôt *qu'il est difficile questa facilità* ! Toute cette aisance est la grâce d'un vrai génie, qui ne fait pas de faux pas et a soigneusement évalué ses propres forces. Cette description correspond parfaitement à "L'Auberge de la Lune d'Argent" !

En partie, cela s'applique seulement un peu moins étroitement à « Myra des Pins » – dans lequel on retrouve à peu près la même irresponsabilité gaie de motif et d'action ; la même touche légère, si sûre que chaque point délicat est fait avec une netteté ferme ; et la même pièce — à l'exception de la note discordante frappée par « l'homme-cochon » — d'un humour doucement vif et très subtil : qui maintient la farce sur le plan de la haute comédie en cachant un artifice astucieux sous une apparente naïveté ; et cela se cristallise avec éclat dans des tournures de phrases si spontanées dans leur juste pertinence que leur félicité soigneusement perfectionnée leur donne l'air d'un accident.

"Le Dernier des Knickerbockers" a ce même humour et ce même bonheur de phrasé ; et au milieu de lui se déroule l'épisode fantastique du « Traîneau Jaune » – qu'il suffit d'amplifier pour devenir une autre « Auberge de la Lune d'Argent ». Mais là s'arrête sa ressemblance avec les autres récits de Vielé. "L'Auberge de la Lune d'Argent" n'a rien de commun avec lui. Cette délicieuse romance à base de chardon se déroule de manière trépidante au-dessus des rayons de soleil dans un parcours direct et sans complexités : avec tout l'intérêt constamment concentré sur une héroïne et un héros dont tous les autres personnages sont mineurs et accessoires ; et sans jamais rompre la note légère qui est frappée au début. "Le Dernier des Knickerbockers", mélange de comédie et de semi-tragédie, est bien loin de tout cela, tant dans l'esprit que dans la forme. C'est l'œuvre la plus largement et la plus sérieusement conçue de l'œuvre de Vielé : non pas une romance, mais un roman avec une intrigue substantielle soigneusement développée dans une action complexe ; et tandis que l'intérêt principal est centré - comme il se doit - sur une héroïne tout à fait charmante et un héros tout à fait satisfaisant, ces jeunes gens agréables sont amenés à connaître et à conserver leur place dans une foule de personnages forts et fortement dessinés.

C'est une bonne histoire à lire simplement comme une histoire ; mais c'est plus que cela, c'est un document : une préservation ambrée d'une phase de la société new-yorkaise qui a déjà presque disparu, et qui aura bientôt complètement disparu - lorsque les derniers Mme et M. Bella Ruggles auront fermé leurs portes. aristocratie décadente, dernière pension minable et prétentieuse du dernier Kenilworth Place miteux ; et une fois déchue, l'aristocratie ainsi expulsée sera obligée de vivre dans des immeubles d'appartements du type cloche et tube parlant, et de dîner (comme le dit prophétiquement Alida) « aux tables d'hôte italiennes, comme le Café » . Chianti, dans l'ancienne maison du grand-père, où ils font de la musique et ne facturent que cinquante centimes, vin compris" !

Aussi fidèle que soit cette histoire des anciennes croyances religieuses et des coutumes sociales plus étroites de New York, elle survivra longtemps, j'en suis sûr, à la grande masse de la fiction de l'époque de Vielé. Elle sera activement vivante tant que même un faible souvenir de ces croyances et coutumes sera chéri par les personnes vivantes ; et lorsque tous ces anciens se seront retirés (avec la dignité finale qui convient à une licence spéciale) dans leurs maisons familiales à l'ombre de Saint-Marc et de la Trinité, emportant leurs souvenirs avec eux, cela deviendra, comme je l'ai dit, : un document : préserver les traditions qui autrement auraient été enterrées avec elles ; et reliant ainsi de manière permanente – comme ils l'étaient temporairement – le présent de plus en plus ardent de New York à son passé de moins en moins fatiguant.

Quant à "L'Auberge de la Lune d'Argent", je ne vois aucune limite à sa pérennité : puisque dans son essence même se trouve ce qui retient l'humanité d'un sortilège durable. Le charme séduisant d'une histoire d'amour heureuse – chargé de fantaisie gaie, de grâce épigrammatique et d'humour doucement piquant – est un charme perpétuel et irrésistible : qui doit tenir et lier tandis que toujours le monde va heureux sous un soleil toujours frais, et a heureusement dans ce sont de jeunes cœurs toujours frais.

THOMAS A. JANVIER.

NEW   YORK   ,
20 juin 1909 .

L'HISTOIRE D'IGNATIUS, L'AUMONNEUR

Bien que cela se soit produit lors de la garden-party des Butler Penfield, les résultats concernent Miss Mabel Dunbar plus que toute autre, sauf peut-être une autre. Mabel avait été invitée, comme elle l'était partout, en partie parce qu'elle était une très jolie fille et qu'elle contribuait à faire avancer les choses, et en partie grâce à la politique publique.

« Tant que la chère enfant reste célibataire, avait dit Mme Fessenden, nous devons continuer à lui acheter notre thé.

Car Mabel devait ses draperies d'ambre au thé qu'elle vendait et que tout le monde achetait parce que sa grand-mère avait vécu à Washington Square. Dans la société, parler de thé, c'était parler de Mabel Dunbar ; regarder dans les yeux marron foncé de Mabel, c'était penser au thé et, incidemment, à la crème et au sucre.

"Je la considérais comme intelligente", remarqua Mme Fessenden, "jusqu'à ce qu'elle devienne si populaire auprès des hommes intelligents... C'est vraiment très décourageant... Vous voyez, il y a Lena Livingston, qui a lu Dante, faisant semblant de parle à son propre beau-frère, pendant que Mabel, qui n'est même pas mariée, s'en va avec Archer Ferris et Horace Hopworthy, un de chaque côté.

"Je me demande de quoi elle leur parle", a spéculé Mme Penfield, et Mme Fessenden a répondu :

"Ma chérie, tu peux compter, ils ne la laissent pas parler."

Mme Penfield réfléchissait, tandis que trois dos, deux larges et un mince et sinueux comme un théier, s'éloignaient vers les arbustes.

"Je me demande avec lequel Mabel reviendra ?" dit-elle.

"Si Jack était là, il donnerait des chances sur M. Hopworthy", répondit la femme de Jack.

"Bien sûr, M. Hopworthy est l'homme à venir", observe Mme Penfield. "Mais M. Ferris est 'arrivé'."

"Oui", acquiesça Mme Fessenden, "comme le dit Jack, il est arrivé et a pris toutes les chambres... Mais j'ai une grande confiance en M. Hopworthy. Vous savez que la tante de Jack l'a découvert."

"Oui," dit Mme Penfield, "je m'en souviens, mais, Clara, c'est vous qui l'avez présenté."

"Oh, ce n'était rien", murmura Clara. "Nous étions très heureux———"

"Mes deux témoins !" soupira Mme Penfield, les yeux fixés sur les buissons, où l'on ne voyait plus rien.

"Oui", acquiesça son amie, "mais imaginez à quel point ce dernier Ceylan s'est mal passé."

Pendant ce temps, tous les trois avaient trouvé un refuge frais, une tonnelle à l'abri du soleil et ouverte sur l'air, comprenant un siège de jardin rustique, une table et une chaise pour des invitations cordiales.

"Ah, c'est juste l'endroit idéal !" s'écria Archer Ferris. "En poussant un peu ce siège et en plaçant cette chaise ici, nous pouvons être très à l'aise."

Il était à noter que M. Ferris conservait la possession du fauteuil. Quant à la place libre à côté d'elle sur le banc, l'ombrelle de Mabel reposait dessus. M. Ferris rayonnait comme seuls ceux qui sont arrivés peuvent rayonner.

"Avec votre permission, je prendrai la table", dit M. Hopworthy en regardant Miss Dunbar, qui souriait. M. Ferris était couvert.

"Je crains que notre conversation ne vous intéresse pas", dit-il à l'autre homme. "Vous savez, vous n'écrivez pas de nouvelles."

Et ce n'était pas la première fois au cours de la dernière demi-heure que M. Ferris offrait à M. Hopworthy la possibilité de se retirer. Ce dernier sourit, un large sourire expansif.

"Oh, mais je les ai lus," persista-t-il en se perchant sur la table. "C'est-à-dire", a-t-il ajouté, "quand il y a suffisamment de complot pour vous tenir éveillé".

Ici, M. Ferris souriait, ou plutôt faisait la moue, car sa bouche, contrastant avec celle de M. Hopworthy, semblait enfantine, pour ne pas dire chérubine.

"Les intrigues", observa-t-il, "sont assez victoriennes. Nous sommes, au moins, décadents, n'est-ce pas, Miss Mabel ?"

Mabel lissa sa jupe ambrée et essaya de paraître intelligente.

"Oh, oui, en effet", dit-elle.

"Maintenant, il y avait une histoire dans *le bulletin de la semaine dernière* intitulée 'La réincarnation de Ralph Ratcliffe'," continua le monsieur sur la table. « L'avez-vous lu, Miss Dunbar ?

"Je l'ai mis de côté pour le lire", répondit-elle avec évasion.

"Ne le faites pas, je vous prie. C'est dans ma veine la plus faible", a rétorqué M. Ferris. "On écrit *pour* l' *Abeille* , tu sais."

"Pardonnez-moi", a déclaré M. Hopworthy, "je n'ai pas reconnu le nom de l'auteur comme l'un des vôtres."

"Personne avec moins de douze noms ne devrait s'appeler en littérature", dit l'autre avec un peu de vantardise.

M. Hopworthy a embrassé son genou.

« L'intrigue de cette histoire… » avait-il commencé à dire lorsque M. Ferris l'interrompit.

"Il n'y a que sept intrigues", expliqua-t-il, "et trente situations. Pour celui qui connaît son métier, l'issue d'une histoire devrait être dès le début aussi évidente qu'une partie d'échecs bien ouverte."

"Comme cela doit être intéressant d'écrire", dit Miss Dunbar avec appréciation. Peut-être, à sa manière simple, spéculait-elle sur la situation actuelle parmi les trente et si le rayon de soleil dont elle avait conscience sur ses cheveux avait une valeur littéraire.

"Est-ce que tu vois déjà le *stylet* ?" » demanda M. Hopworthy, de la position de qui le rayon de soleil pouvait être observé le mieux possible.

"Monsieur", dit M. Ferris, à travers ses lèvres de Boucher, "je peux dire que je *suis* le *stylet* ."

"Vraiment!" s'écria la dame, bien qu'elle n'ait pas pu être très surprise.

En vérité, son exclamation cachait la tendance au bâillement souvent induite chez les jeunes par une conversation objective. Si les gens intelligents en savaient un peu plus, ils ne parleraient pas aussi souvent de bêtises.

" Ah ! c'est donc à vous que nous devons ce petit *fabliau plein d'entrain* appelé " L'Histoire d'Ignace l'Aumônier " ? " » remarqua M. Hopworthy presque avec indifférence.

"Une bagatelle", dit l'autre; "ce que nous, les gribouilleurs, appelons 'hack'."

La large bouche de M. Hopworthy se contracta, et on aurait pu l'observer souffrir d'une émotion réprimée.

"Mais tu l'as écrit, n'est-ce pas ?" » demanda-t-il à mi-voix.

"Je l'ai fait en vingt minutes", dit l'autre.

"Mais c'était le tien ?" a insisté M. Hopworthy.

"Quand j'ai écrit cette petite histoire————" dit M. Archer Ferris.

« L'histoire d'Ignace, l'aumônier ? » » a incité M. Hopworthy, avec une insistance inutile.

"'L'histoire d'Ignace, l'aumônier'", répéta M. Ferris, rougissant légèrement, tandis que M. Hopworthy semblait s'agripper à la table pour s'empêcher de bondir vers le haut.

"J'en étais convaincu !" il pleure. "Aucune autre main n'aurait pu l'écrire. Le caractère véritable, le pathétique, la passion, la puissance et le but du conte étaient magistraux, et pourtant il était si simple et sincère, si logique, si convaincant, si inévitable, si..."

"Épargnez-moi", protesta M. Ferris, pas du tout mécontent. "Mais il y avait une sorte de force rudimentaire, je l'avoue."

"Et l'avez-vous lu, Miss Dunbar ?" » s'enquit M. Hopworthy, laissant presque glisser une ancre.

"Non", répondit-elle, "mais je l'ai mis de côté pour le lire. Je le ferai maintenant avec un plaisir accru."

« À moins que l'auteur consente à nous le raconter dans ses propres mots inspirés… » dit M. Hopworthy en regardant le bout de sa botte avec intérêt. Miss Dunbar fut surprise par cette suggestion.

"Oh, fais-le!" » argumenta-t-elle. "J'aimerais tellement entendre une histoire racontée par l'auteur."

"Une expérience inoubliable", murmura M. Hopworthy.

"Je crains que ce ne soit trop long à raconter cet après-midi", rétorqua l'auteur en jetant un regard d'appréhension vers le ciel.

"Mais tu l'as fait en vingt minutes", lui rappela l'autre homme.

"C'est une autre raison", a déclaré l'écrivain. "Un travail accompli avec une telle rapidité ne laisse qu'une légère impression dans la mémoire."

« Peut-être un petit tour sur le terrain… » suggéra M. Hopworthy.

Miss Dunbar avait déployé son ombrelle d'ambre, et la dentelle qui l'entourait lui tombait juste devant les yeux. Cela laissait le siège à côté d'elle libre.

"Peut-être un petit tour…" pressa encore M. Hopworthy. M. Ferris le regarda avec défi.

"Comme vous avez lu mon histoire, monsieur," dit-il, "je peux à peine espérer vous inclure dans mon auditoire."

"Mais ce n'est pas du tout le genre de chose qu'on se contente d'entendre ne serait-ce qu'une seule fois", a déclaré M. Hopworthy d'un ton clairement flottant. M. Ferris bougea avec inquiétude.

"J'oublie vraiment comment tout a commencé", a-t-il affirmé. "Peut-être une autre fois--"

"Si je peux prétendre vous rafraîchir la mémoire..." dit M. Hopworthy avec déférence.

"Oh, ce serait délicieux !" s'exclama Miss Dunbar. "Avec deux conteurs comme ceux-là, je me sens comme Lalla Rookh."

M. Ferris se leva aussitôt.

« Je suggère que nous nous rendions à la tente rayée », dit-il ; "Ils ont toutes sortes de glaces là-bas."

"Oh, mais je parle de la princesse, pas du punch glacé", déclara Mabel, s'installant plus en sécurité dans le coin du siège du jardin. "S'il vous plaît, asseyez-vous et commencez par me dire exactement ce qu'est un aumônier."

M. Ferris hésita, jeta un regard vers la pelouse ouverte au-delà des arbustes, un autre vers le parasol ambré, et s'assit dans l'autre coin. M. Hopworthy glissa de la table à la chaise vacante.

« Un aumônier, expliqua le *Stylus* aussi bas que le permettait la lettre de courtoisie, c'est une sorte de trésorier, vous savez... Dans un monastère, n'est-ce pas... Le moine qui distribue l'aumône et ce genre de chose."

"Oh, alors c'est une histoire médiévale !" s'écria Mabel. "Comme c'est délicieux!"

"Non, moderne", corrigea M. Hopworthy.

"Cadre moderne, bien que médiéval dans l'esprit", a déclaré M. Ferris en ôtant son chapeau.

"Ah, ça, en effet !" » souffla M. Hopworthy. "Je n'oublierai pas de sitôt votre description d'ouverture ; cette image de la vieille cathédrale, éclairée seulement par le lointain et faible scintillement d'un cierge occasionnel, brûlant devant un saint sacré. Je peux le voir maintenant, Ignace, le jeune moine, *alors* qu'il se déplace en silence de l'une à l'autre des boîtes à aumônes, rassemblant dans son sac de cuir les offrandes déposées par les fidèles.

"Je pense qu'il avait une lumière", a suggéré l'auteur de nouvelles, qui écoutait d'un œil critique.

"Bien sûr ; une torche enflammée."

"Comme c'est gentil de sa part !" Mabel murmura, et M. Hopworthy continua.

" Il y avait douze caisses, n'est-ce pas ? sur autant de piliers, et dans chaque caisse, outre la poignée habituelle de *sous de cuivre* , il y avait, si je me souviens bien, une pièce d'argent... "

"Vous percevrez la symbolique", murmure l'auteur.

"C'est parfait", soupira Mabel.

"Jamais une telle chose ne s'était produite auparavant", continua M. Hopworthy, qui semblait très bien connaître l'histoire, "et dans la solitude de sa cellule, *Ignatius* resta assis pendant des heures à contempler les richesses qui étaient si étrangement tombées entre ses mains. la première pensée fut pour les pauvres, à qui appartenait de droit l'aumône ; mais, quand il se souvint de l'avarice de *l'abbé* , son cœur se trompa… »

"Une situation assez frappante, me semble-t-il", remarque l'écrivain. "Allez un peu plus loin, s'il vous plaît."

"J'aurais aimé pouvoir le faire", a déclaré M. Hopworthy, "mais c'est là qu'intervient votre analyse approfondie, votre logique irrésistible. J'avoue que vous avez dépassé un peu mon rayon de pensée."

"Peut-être", a admis l'autre. "Très probable." Mais il avait désormais saisi l'esprit de sa propre production et, se tournant vers son voisin, il expliqua :

"Mon but était de présenter un problème, de suggérer un conflit d'émotions, tout à fait à la manière de Huysmans. Faut-il consulter *l'Abbé* , *qui n'est qu'un type de sagesse sordide, ou bien l'Aumônier* , se symbolisant lui-même, obéir au plus haut appel d'impulsion élémentaire ?

"Et qu'a fait *Ignace* ?" » a demandé Mabel.

"Je crains que vous ne compreniez pas ce que je veux dire", a déclaré l'auteur. "C'est la lutte de l'âme que nous analysons———"

"Mais il a dû arriver à une conclusion ?"

"Pas nécessairement", dit gravement M. Ferris. "Une lutte d'âme est continue, elle continue———" M. Ferris agita sa main blanche vers l'infini.

Ignatius n'a-t- il pas décidé de mettre l'argent là où il ferait le plus de bien ?" »
demanda M. Hopworthy.

"L'expression est la vôtre", répondit M. Ferris, "mais elle transmet
vaguement mon sens."

« À mesure que je me souvenais de l'histoire, poursuivit l'autre, il résolut de
sacrifier ses propres préjugés au service de ses semblables. Mais, quand il
pensait à tous ceux qui étaient dans le besoin : les paysans cultivant les
champs, les marins sur la mer, les soldats du camp - il a décidé qu'il valait
mieux limiter le bénéfice à un seul objet méritant.

"Une décision très sensible", a déclaré Mabel, et M. Ferris a materné :

"Oui, c'était mon idée."

Tandis que les voix du jardin leur parvenaient dans la brise d'été, il fit un
mouvement pour consulter sa montre.

"Vous voyez mon petit problème", observa-t-il. "Le reste n'a pas
d'importance."

"Mais j'ai tellement aimé la partie où le jeune moine, rempli de son noble
dessein, a volé le monastère la nuit", a déclaré M. Hopworthy. "Ah, il y avait
une touche de réalisme."

"Je suis content que cela vous ait plu", répondit l'auteur en retombant dans
le silence.

Mabel tapota le gravier avec son pied ; il est étrange de constater à quel point
un son insignifiant devient parfois audible.

"S'il te plaît, dis-moi ce qu'il a fait", supplia-t-elle. "Je n'ai jamais entendu une
histoire dans laquelle il se passait si peu de choses."

L'écrivain de nouvelles se mordit la lèvre rouge et se redressa.

"Le jeune moine a attendu que la maison soit plongée dans le sommeil", dit-
il, presque avec défi, semble-t-il. "Puis, tirant le grand verrou, il sortit dans la
nuit. La lune des moissons était dans le ciel, et——"

"Il a plu, je pense", a suggéré M. Hopworthy.

"Peu importe si c'est le cas", répondit l'autre. « Sans se soucier des éléments,
il a enroulé son capuchon autour de lui et s'est avancé sans crainte dans la
forêt, sans rien entendre, sans rien voir. Kilomètre après kilomètre, il a

marché – et a marché – et a marché à grands pas jusqu'à ce qu'il soit temps de revenir. ——"

"Vous oubliez la fête paysanne", a incité M. Hopworthy.

"Festival?" dit M. Ferris. "Ah, ce n'était qu'un simple épisode, destiné à donner une impression de contraste."

"Bien sûr", a affirmé M. Hopworthy. "Comme ces réjouissances rustiques semblaient frivoles à côté de sa propre vie austère. Comme le calme, en revanche, était le calme du cloître..."

"Oui," M. Ferris prit la chape, "et, comme de loin il observait leur gaieté maladroite, il—il—il——"

"Il a décidé de n'avoir qu'une seule danse pour porter chance", a déclaré M. Hopworthy.

Peut-être l'auteur, entendant ainsi l'histoire d'un autre, a-t-il détecté ici quelque défaut de logique, car il n'a pas procédé immédiatement, bien que Miss Dunbar ait attendu avec l'intérêt le plus encourageant. La pause momentanée a été mise en fuite par M. Hopworthy.

"Ah, Zola n'a jamais rien fait de plus audacieux", a-t-il déclaré. "Même Zola aurait pu hésiter à obliger *Ignatius* à changer de vêtements avec le soldat ivre, et à sauter au milieu de la salle de bal et à crier que chaque verre devait être rempli à ras bord."

"Attendez!" » haleta M. Ferris. "Il doit y avoir une erreur. Je jure que je n'ai jamais rien écrit de pareil de ma vie."

"Mais tu l'as admis !" cria l'autre. "Vous ne pouvez pas nous le cacher maintenant. Vous êtes grand. Vous êtes sublime !"

"Je le nie absolument", répondit M. Ferris.

"S'il vous plaît, arrêtez de discuter et laissez-moi entendre le reste", fit la moue Mabel. "Allez, M. Ferris."

"Je ne peux pas", dit tristement M. Ferris. "Mon histoire a été tronquée par l'imprimeur."

"Mais la valse", a insisté M. Hopworthy. "Sûrement, cette valse était la tienne."

Peut-être une fois de plus, la logique irrésistible des événements est-elle devenue apparente, car, avec un effort, M. Ferris a déclaré :

"Oh, oui, cette valse était la mienne. Envoûté par ses accents et étourdi par les vapeurs du vin, *l'Aumônier* flottait dans un rêve de délice sensuel jusqu'à ce que soudain il se souvienne - tout à coup il se souvienne -"

"Si vous me permettez une autre interruption", a déclaré M. Hopworthy, "il n'a rien fait de tel. Soudain, comme vous devez vous en souvenir, la nouvelle a été annoncée que l'abbé était mort et qu'Ignace avait été élu à *sa* place . "

"Vous gâchez mon apogée, monsieur", a crié l'auteur. "Baillant la coupe de vin de ses lèvres, *Ignatius* se précipita alors dans la nuit———"

"Mais il n'a trouvé le soldat nulle part", intervint M. Hopworthy.

"Pourquoi voudrait-il retrouver ce maudit soldat ?" » demanda farouchement le narrateur.

"Eh bien, pour récupérer sa capuche, bien sûr."

"Splendide!" s'exclama Mabel en frappant dans ses mains.

« Il… il… » balbutia l'auteur, et de nouveau l'autre prêta une langue amicale pour dire :

" *Ignace* revint aussitôt au monastère. Et que devait-il y découvrir sinon *Le Soldat* , assis dans le fauteuil d'office, présidant le conseil. Mais, vois ici, mon vieux, peut-être ferais-tu mieux de finir ton histoire toi-même ? "

"Monsieur!" s'écria l'auteur en se levant d'un bond. "Je détecte votre perfidie, et j'appelle cela le tour le plus minable qu'un gentleman ait jamais tenté de jouer à un autre. Je n'hésiterai pas à vous dénoncer partout comme quelqu'un capable de la plus petite méchanceté!"

"C'est ce que *l'Aumônier* a dit *au Soldat* ", expliqua M. Hopworthy à Mabel, dans un murmure, mais l'autre, devenant presque violent, continua :

« Vous êtes inapte, monsieur, à fréquenter des gens raffinés, et, lorsque je vous rencontrerai seul, cela me procurera une vive satisfaction de répéter cette observation !

"C'est ce que *le soldat* a répondu à *l'aumônier* ", a encore expliqué M. Hopworthy. Mais l'autre monsieur avait levé son chapeau et se dirigeait rapidement vers la tente rayée, où l'on devait manger des glaces.

"Je ne lui pardonnerai jamais d'avoir laissé l'histoire inachevée", annonça la dame du banc. "Et tu ne trouves pas que son comportement vers la fin était plutôt étrange ?"

M. Hopworthy soupira et secoua la tête.

"Ces hommes de magazines sont tous un peu bizarres", dit-il. "Est-ce que ce parasol ne fatigue pas ta main ?"

"Oui, tu peux le tenir, si tu veux," répondit-elle. "Je suis content que tout le monde ne raconte pas d'histoires."

LE COFFRE DU MORT

Un matin de mai de la courageuse année 1594, Maîtresse Betty Hodges, depuis le seuil de la maison la plus étroite dans la plus étroite des rues étroites de l'ancienne paroisse de St. Helen's, Bishopsgate, observa avec plus qu'un intérêt passager les mouvements d'un gentleman dans noir.

"Whist, voisin !" » appela-t-elle Maîtresse Judd, dont la personne corpulente remplissait presque une porte voisine juste de l'autre côté de la rue. " Cet étranger devrait être, de toute évidence, en quête d'un logement, et d'après mon horoscope, c'est un jour des plus propices aux affaires. Je te prie, prends ton tricot, de peur qu'il ne nous prenne pour rien de mieux qu'une paire de commérages oisifs. "

"En toute foi", rétorqua Maîtresse Judd, croisant les bras avec complaisance après un regard de côté en direction du flâneur, "et il devrait jamais loger chez toi, espérons que ses shillings se révéleront plus agiles que ses pieds."

Le gentleman avançait en effet avec beaucoup de délibération, s'arrêtant de temps en temps pour regarder autour de lui comme un homme qui pèse les avantages et les inconvénients les uns contre les autres. C'était une rue pittoresque et aux vieilles manières dans laquelle il emménageait ; une rue tortueuse avec des avant-toits en surplomb et des pignons saillants qui se rencontraient presque avec le ciel ; une rue sombre, sans soleil, humide et désagréable, pavée de cailloux ronds et divisée en son milieu par un ruissellement d'eau peu attrayante. Car Londres, encore dans une enfance heureuse et sale, n'avait pas encore appris ses leçons aux mains de ces sinistres professeurs, de la peste et du feu.

"Un homme convenable, c'est suffisant !" Maîtresse Judd a ajouté, "même si je garantirai qu'il est trop prudent et de mauvaise qualité. Pour moi, il ressemble à une sangsue voyageuse."

"Mieux vaut étudier la théologie à la campagne", suggéra Maîtresse Hodges.

"Ou mieux, un clerc mineur, ou au mieux un maître en écriture", opina Maîtresse Judd.

"S'il vous plaît, mon Dieu, alors il saura lire", répondit sa voisine, débattant déjà en lui-même d'une petite avance de loyer. "Peut-être pourrait-il me dire si ces rouleaux de papier laissés par Maître Christopher dans son coffre en chêne valent les dix shillings qu'il a perdus. je dois."

"Et ils rapporteraient autant de pence", renifla Maîtresse Judd, "notre maître poète les avait depuis longtemps résolus en Malvoisie."

"Non, ne parlez pas durement des morts", protesta Maîtresse Hodges, en portant furtivement un coin de son tablier à un œil.

"Marry, si Maître Kit chantait parfois la nuit, ce n'était que pour garder la montre éveillée. J'essuyerais mon volet et j'entendrais volontiers à nouveau sa joyeuse prise. Ah, il était toujours libre d'argent quand il l'avait. Et c'était un plaisir de le voir avec son biberon. Dans la foi, il lui parlait et l'embrassait comme une femme le ferait avec son enfant.

"Et il l'a fait une fois de trop, à mon avis", murmura Maîtresse Judd sans sympathie, "la nuit où il s'est mis à se bagarrer dans la rue et a trouvé la mort."

« Marié, il n'était pas un bagarreur », protesta chaleureusement Maîtresse Hodges, « mais il était toujours le plus gai quand il était le plus en état d'ébriété. C'étaient des voleurs qui s'en sont pris à lui et, que Dieu soit bon envers les pécheurs, lui ont transpercé le cœur devant le pauvre jeune homme. pouvait même réciter un couplet pour prouver qu'il était poète.

"Comment penses-tu que la poésie pourrait le sauver ?" » demanda sèchement Maîtresse Judd.

« Marie-toi, monte ! Quel voleur tuerait un poète pour son sac à main ? s'écria maîtresse Hodges. « Vite, voisin, prends ton tricot ! » ajouta-t-elle précipitamment, et, attrapant une assiette en étain, elle commença à la polir avec son tablier tandis que l'étranger, attiré par leur bavardage, accélérait le pas.

C'était un homme mince, apparemment d'une trentaine d'années, avec des yeux enfoncés et pénétrants et un visage maigre se terminant par la barbe courte, pointue et pointue à la mode à l'époque.

« Bonjour, mesdames, » dit-il lorsqu'il fut à distance de parole ; "Pouvez-vous me diriger vers un logement convenable par ici ?"

Maîtresse Hodges a fait preuve d'une plus grande courtoisie pour attirer l'attention sur elle-même comme la personne la plus importante.

« En vérité, cela ne vous plaira pas, monsieur, » dit-elle, « c'est ma chance d'avoir à ce moment prêt pour votre culte les plus belles chambres qui soient dans toute la ville à quatre et six heures de la semaine. pas mieux, car le lord-maire n'habite-t-il pas au coin de la rue dans sa nouvelle maison Crosby Hall, la plus haute maison de Londres, et à proximité, les jardins de Sir John Gresham ne s'étendent-ils pas de Bishopsgate à Broad Street comme un parc ? on chercherait à se divertir, il n'est pas à cinq minutes de Cornhill, ce qui est amusant comme une foire de soirées agréables, avec les jongleurs, les colporteurs et les orfèvres et… »

" Ah ! par ma foi, " interrompit gravement l'étranger, " je devrais chercher ailleurs, car je ne suis pas un homme né sous Sol, qui aime l'honneur, ni sous Jupiter, qui aime les affaires, car la planète contemplative m'emporte tout entier. "

" Si vous êtes disposé à la contemplation ", intervint rapidement Maîtresse Hodges, " il ne peut y avoir à Londres d'endroit plus pur pour un tel divertissement que mon deuxième étage. À partir de là, on peut contempler à volonté soit les jardins de l'hospice, soit les bois au-delà. Houndsditch, ou les tourelles de la Tour elle-même, en hiver, quand les feuilles sont parties. »

"S'il te plaît, mon Dieu, les feuilles sont épaisses en ce moment !" » dit l'étranger avec un demi-sourire sombre. "Néanmoins, j'ai envie de regarder par vos fenêtres arrière. Les jardins de l'hospice peuvent au moins enseigner une résignation."

"Entrez et ne vous plaisez pas, monsieur", répondit l'hôtesse avec une faible obéissance.

L'étranger inspecta minutieusement la chambre, scrutant les placards, testant le lit, les tabourets et les chaises, et s'arrêtant finalement devant une petite boîte en chêne isolée dans un coin.

"Ce n'est qu'un coffre de papiers laissé par mon dernier locataire, un certain Maître Christopher", expliqua Maîtresse Hodges, ajoutant : "Un poète, monsieur, je ne vous en prie pas, qui a été tué par des voleurs de grands chemins, et je ne sais pas si ses vers être dignes d'oreilles honnêtes pour les entendre, même si, on pourrait le croire, ils ont été prononcés dans une salle de spectacle publique. Pensez-y, " ajouta-t-elle, soulevant le couvercle du coffre pour révéler une douzaine de manuscrits ou plus, reliés ensemble. avec des morceaux de laçage de pourpoint cassés, "le lot rapporterait jusqu'à dix shillings à la foire du chiffon ?"

L'étranger rit et secoua la tête.

"C'est un grand prix pour les pensées d'un mort", dit-il en prenant un paquet au hasard et en retournant précipitamment les feuilles, tandis que Maîtresse Hodges le regardait avec inquiétude. Son intérêt s'approfondit à mesure qu'il lisait, et bientôt ses yeux dévorèrent page après page, inconscients de la présence de l'autre.

« En vérité, dit-il enfin, il y a des vers qui ne sont pas entièrement dénués de mérite.

"Et je vous en prie, monsieur, quelle est l'affaire qu'ils avancent ?" » l'hôtesse osa s'enquérir.

"Cela semble être l'histoire d'un fantôme revenu sur terre pour découvrir son meurtre—" commençait à expliquer l'étranger, mais Maîtresse Hodges l'arrêta.

"Marier!" s'écria-t-elle, ce sont des profanations et des hérésies contre la religion protestante que le Ciel défend. Marie-toi, ce serait mal avec la pauvre femme qui vendrait de telles idolâtries.

D'autres protestations suivirent, motivées sans doute par la crainte qu'elle ne soit accusée de déloyauté envers le parti dominant ; pour prouver sa haine des documents, elle déclara son intention de brûler les derniers d'entre eux sans les avoir lus.

"Mieux encore, rejetez-moi la responsabilité", suggéra l'inconnue, souriant sombrement devant son zèle. "Vendez-moi le lot pour deux shillings et six pence, et ma parole que la transaction sera gardée secrète. La lecture de ces vaines imaginations me servira de délassement de mon propre emploi."

"Mariez-vous, ils seront à vous et volontiers", s'écria la femme, heureuse d'être débarrassée de biens dangereux à des conditions aussi généreuses. Et c'est ainsi que l'étranger devint propriétaire du coffre de manuscrits. Ses négociations pour le logement ont prouvé qu'il était un homme économe jusqu'à la méchanceté, une qualité à ne pas mépriser chez les locataires, car, comme Maîtresse Hodges le disait souvent à Maîtresse Judd, "Les messieurs sont toujours les plus libéraux qui sont les moins méchants à payer." En réponse à des questions raisonnables, il se contentait de répondre : « Mon prédécesseur était connu sous le nom de Maître Christopher ; laissez-moi donc être Maître Francis, un pauvre érudit qui promet seulement de s'en aller avant que sa bourse ne soit vide. »

Le nouveau locataire entra en possession de sa chambre dans l'après-midi du jour où il la vit pour la première fois. Ses bagages, amenés là par deux porteurs sur une seule brouette, et composés principalement de livres et de manuscrits, prouvèrent qu'il était l'humble étudiant qu'il s'était représenté lui-même, et au bout d'une semaine ses voisins furent d'accord pour le considérer comme un reclus assez banal. Ses journées se passaient à rêver près de la fenêtre ouverte ou à écrire sur la table jonchée de parchemins. S'il bougeait un peu, ce n'était que pendant une heure, dans le long crépuscule après le dîner, et sa bougie brûlait rarement après dix heures. Ce ne fut qu'après quinze jours que Maîtresse Hodges eut la satisfaction d'annoncer un visiteur.

"Entrez!" s'écria maître Francis, répondant à son coup à la porte de sa chambre, et non peu surpris par une convocation si inhabituelle, car les restes de son souper avaient été enlevés, et il se préparait lui-même pour sa promenade du soir.

"Un gentleman est présent en bas, ne vous plaisez pas, monsieur", annonça-t-elle en entrant précipitamment.

"Impossible!" » protesta son locataire, « car comment un visiteur devrait-il demander quelqu'un qui n'a pas de nom ?

"D'après votre description, cela ne vous plaît pas, monsieur", répondit la femme. "Il vous a attiré vers la vie. Par ma foi, il ne pouvait y avoir aucune erreur, et quand il a dit que vous pourriez être connu sous le nom de Maître Francis, comment pourrais-je ne pas l'admettre ? Grand gentleman qu'il est, avec un serviteur à ses talons et à moitié une vingtaine de valets attendant à portée de main ! »

Maître Francis se mordit la lèvre et se déplaçait avec impatience dans la pièce.

"Allez dire à ce grand gentleman que vous aviez tort", dit-il. "Dites-lui que j'ai été invité à dîner une demi-heure avant sept heures. Dites-lui quel mensonge vous échappe le plus facilement, et comme vous êtes une femme, dites-le honnêtement."

" Cela ne servirait à rien, car même maintenant votre visiteur, devenu impatient, monte l'escalier ", répondit l'hôtesse, tandis qu'un pas lourd se rapprochant à chaque instant testait la véracité de son affirmation.

"Alors partez et laissez-nous être seuls", ordonna Maître Francis, s'arrêtant résolument dans sa promenade, tandis que Maîtresse Hodges, dans l'embrasure de la porte, se retrouvait écartée sans ménagement pour céder la place à un homme digne d'âge moyen. La robe du visiteur était noire, rehaussée seulement par une large collerette blanche, mais d'une qualité si riche que les aménagements de la pièce descendaient par contraste dans l'échelle allant du confort au délabrement. Mais apparemment, il ne se préoccupait pas plus de l'appartement que de Maîtresse Hodges.

"Et maintenant, neveu ?" » commença-t-il aussitôt. "Qu'est-ce que ça veut dire, se cacher comme un hérisson dans un trou ?"

Maître Francis s'inclina avec une déférence presque servile et joignit les mains, faisant en même temps un geste du pied destiné à signifier à Maîtresse Hodges qu'elle était libre de partir.

"Mon oncle, c'est un bien trop grand honneur que vous me rendiez", dit-il lorsque l'hôtesse eut fermé la porte derrière elle.

"Odsblood ! Pour une fois, j'entends la vérité de ta part. Pourquoi as-tu quitté tes appartements à Gray's Inn pour ça ?" l'autre répondit par un mouvement des narines, comme si tout l'environnement se comprenait dans une bouffée de bouillon de mouton de Maîtresse Hodges.

« En vérité, très aimable parent, » répliqua le plus jeune homme, « depuis mon exclusion de la Cour, certains huissiers graisseux m'ont un peu trop souvent favorisé en leur compagnie, et je n'ai pas dû aller ailleurs en attendant une occasion propice pour me rappeler. moi-même à la mémoire de Votre Seigneurie.

"Et je vous prie, dans quel but ?" » demanda l'autre avec impatience.

— Vous n'ignorez pas, mon oncle, l'état de ma pauvre fortune, dit le savant.

"Non", fut la réponse, "vous ne pouvez pas non plus oublier, neveu, mes efforts passés pour réparer cette fortune."

"Pour tous ceux qui me croient vraiment reconnaissants", répondit Maître Francis avec une pointe d'ironie. "C'est à votre gracieuse faveur que je dois ma nomination au retour du poste de commis de la Chambre Étoile, d'une valeur de seize cents livres par an, à condition que moi, un homme faible, survivais dans la pauvreté et dans une forte richesse. C'est comme un autre homme. " Le sol s'abat sur sa maison, ce qui peut améliorer ses perspectives mais ne remplit pas sa grange. "

L'autre, se dirigeant vers la fenêtre ouverte, s'assit à demi sur le rebord, croisant les bras tout en fixant des yeux désapprobateurs sur le visage de son neveu.

"Cette attitude ne vous convient pas du tout", a-t-il déclaré. "Grâce à moi, vous avez été réélu au Parlement, et grâce à moi vous auriez pu accéder à des fonctions rentables si vous n'aviez pas jugé bon de contrarier le ministère, en vous opposant, au nom de la piètre faveur du public, à cette subvention de quatre ans dont le Trésor a bénéficié. dans le besoin urgent de répondre aux complots papistes. »

"J'ai cherché à protéger le ministère et la Couronne de la désapprobation du public", répondit Maître Francis. "Le pays, à mon avis, n'était pas en mesure de supporter cette taxe."

"C'était très présomptueux d'opposer votre jugement à celui de vos supérieurs", dit l'autre. "Votre rôle est clair. Cet acte de votre part doit être oublié. Il faut savoir que vous avez une fois pour toutes abandonné la vie publique pour l'étude. Publiez une savante dissertation sur ce que vous voudrez. Absentez-vous de la ville, et dans douze mois, peut-être, ou moins si tout va bien———"

"Un mois douze!" s'écria maître Francis. "Si mes poches ne sont pas reconstituées, je serai mort au début de l'été."

Le monsieur sur le rebord de la fenêtre resta pendant un espace silence, les sourcils froncés. À l'instant il dit :

"Je ferai en sorte de vous verser une pension, petite, mais suffisante pour vos besoins, à condition que vous vous rendiez immédiatement en France, où vous avez déjà des connaissances."

"Il se peut que vous ayez raison, monseigneur," répondit maître Francis, "mais cela ne me convient pas du tout de m'exiler, et avant d'accepter votre offre, accordez-moi la permission de parler au comte d'Essex. Il a la faveur de la reine."

Les autres éclatèrent d'un rire méprisant et, se levant délibérément, enfilèrent un gant qu'il tenait dans une main.

"Assez!" il a dit. "Comptez sur la faveur d'Essex auprès de la Reine et suivez-le à temps jusqu'à la Tour."

"Mais, mon oncle, donnez-moi au moins votre aimable permission de lui parler."

"Mon aimable autorisation et ma bénédiction !" » répondit suavement l'oncle en se dirigeant vers la porte. La main sur le loquet, il se leva pour ajouter, par-dessus son épaule : « Vous êtes en retard en matière d'actualités, neveu. Il y a trois jours, mon seigneur d'Essex est parti assez brusquement pour ses domaines – pour une expédition de chasse, dit-on, bien que Beldame Rumor insistera sur le fait que notre très gracieuse Reine a enfin tourné son regard glacial vers ses flatteries. »

« Une gelée matinale ! » s'écria maître Francis avec un geste. "Un gel que le soleil récurrent de la pitié transforme bientôt en tendre rosée. Mais c'est un froid dont il faut profiter. Laisse-moi simplement suivre mon maussade seigneur jusqu'à sa retraite, engager mon humble cause avec lui, et en temps voulu réclamez la récompense d'un service fidèle.

Son attitude était devenue si sérieuse que les autres se tournèrent pour écouter, quoique avec un sourire de mépris.

" Écoutez, mon oncle, " continua le plus jeune homme, " si je partais immédiatement, voyageant dans un état modeste, mais comme il sied au neveu du Lord Trésorier d'Angleterre, bien monté et accompagné d'un seul domestique, le "L'aventure entière pourrait être gérée pour une question de cent livres."

"Bien!" s'écria l'autre avec un acquiescement suspect. "Tu es en vérité un diplomate. Mettez votre fortune à l'épreuve par tous les moyens, et lorsque vous l'aurez fait, informez-moi de l'issue."

Il se tourna et posa de nouveau la main sur le loquet.

"Mais," protesta maître Francis, "je dois encore trouver les cent livres…"

"Une énigme à résoudre pour la diplomatie !" » répondit le Lord Trésorier d'Angleterre en riant sardoniquement. "Je ne peux pas vous dire autre chose que vous ne le trouverez pas dans mon sac !" Et en disant cela, il sortit de la pièce à grands pas, laissant la porte grande ouverte.

Pendant de nombreuses minutes, Maître Francis arpenta la pièce, maternant pour lui-même, tantôt en imprécations en colère contre sa propre folie, tantôt en maudissant l'arrogance implacable du Seigneur Trésorier. Alors que tombait le long crépuscule de la saison, il attrapa son chapeau à larges bords et sortit précipitamment de la maison.

Il parcourut des rues étroites et sinueuses, et après plusieurs détours, il arriva enfin à une rue beaucoup plus large, bordée de petites boutiques dont les propriétaires, lorsqu'ils ne s'occupaient pas de clients, se tenaient sur leur seuil pour solliciter la protection des passants.

"Qu'est-ce qui te manque ?" ils ont pleuré; « des chapeaux, des chaussures ou des bas ; des gants, des fraises ou des farthingales ? » chaque réglage de la valeur de ses produits dans un effort frénétique pour surpasser ses concurrents. Le long du trottoir, de dignes citoyens déambulaient avec leurs épouses et leurs amants, ou se tenaient en groupes intéressés autour d'un saltimbanque ou d'un musicien jouant simultanément sur plusieurs instruments mal accordés. Sur un carré d'herbe foulée, des jeunes hommes jouaient à des parties de pétanque bruyantes jusqu'à ce qu'un carrosse doré détruise leur but au passage. Ici se déroulait un combat à bâton unique, là une lutte à poings nus qui aurait dû devenir sérieuse si la montre n'était arrivée à temps pour séparer les belligérants à coups de pique. Mais le centre d'intérêt était un marin qui fumait une pipe à long tuyau avec une insouciance plutôt ostentatoire. Les hommes le regardaient avec une admiration furtive, les femmes avec désapprobation, tandis que les enfants couraient respirer cette étrange odeur aromatique. Quand il soufflait des bouffées de vapeur par ses narines, tout le monde riait.

Maître Francis, s'écartant précipitamment pour laisser la place au fumeur et à son escorte, entra en collision avec un homme de son âge, dont la large figure de bonne humeur montrait qu'elle appréciait la scène.

"Qu'en penses-tu, mon ami ?" » demanda l'inconnu en riant. "Cette nouvelle sauvagerie deviendra-t-elle une institution ? Avons-nous pris tant de peine à bannir la fumée de nos églises que pour transformer nos têtes en censeurs ? Peut-être s'agit-il d'un autre complot papiste ?"

"Cela me semble un peu une folie flagrante", répondit Maître Francis avec un peu d'apathie, "et en tant que tel, cela deviendra certainement à la mode."

— On nous a dit que cela prolongerait la vie, reprit l'autre, car on sait qu'un hareng fumé dure plus longtemps qu'un hareng frais.

"Dites plutôt que celui qui fume vivra plus longtemps parce que les sages meurent jeunes", rétorqua maître François, content de cette vanité.

« Au moins, remarqua l'inconnu, la mode fera du commerce des fées ramoneurs.

D'autres conversations s'ensuivirent naturellement, car maître Francis, las de sa propre société, était d'humeur à accueillir toute compagnie, et, de plus, le nouveau venu, qui semblait être un homme compréhensif, rencontrait le regard d'un autre trop franchement pour laisser la question de son l'honnêteté est mise en doute. Ils ont parlé du tabac comme d'un élément possible de la vie sociale, et tous deux ont convenu qu'une bouffée de cette nouvelle herbe pourrait être une expérience intéressante.

"Allons donc au Bull", suggéra l'étranger, "où dans une petite pièce derrière le robinet, on peut fumer une pipe pour trois pence sous la tutelle de ce même marin, qui a acquis cet art dans nos colonies de Virginie."

"Convenu!" s'écria volontiers maître Francis ; bien qu'à un autre moment il aurait pu rejeter une telle offre. "'Ce sera une expérience inoubliable."

"Marry," répondit l'autre, "c'est celui qui se trouve derrière la cavalcade qui doit prendre la poussière. Pour ma part, j'aime à ne pas me laisser surprendre par un vantard oiseux qui pourrait zézayer. " Ah, c'est un art de garder cela. " Ah, je devrais me voir remplir ma bouche de fumée et la souffler en rond ! Le corps d'Odd, le duc lui-même a dit bravo ! "

L'imitation de l'étranger avec les galants de l'époque était à la vie, et tandis qu'ils se dirigeaient vers la taverne, maître Francis riait avec satisfaction de se trouver en si bonne compagnie. Alors que son compagnon citait Horace, il osa demander à quelle école il avait lu les classiques.

"Aucun", fut la réponse. "Laissez ceux qui effectueront le battage. Je me contente de ramasser les grains ici et là comme un rat élégant dans la grange d'un fermier. Votre érudit de la salle des fêtes présentera une tranche de Xénophon maigre avec chaque tasse de sac, et comme pour les hommes d'Église - ce sont tous des fils contre nature qui couvrent ainsi leur langue maternelle de fragments et de lambeaux de phrases étrangères, la pauvre dame se promène à l'étranger avec un manteau bariolé comme celui d'un violoniste.

"Mais sûrement - *Justitia eum cuique distribuit* - comme le dit Cicéron", s'écria Maître François pour protester contre une telle hérésie. "Vous ne nierez pas qu'une citation juste donne de la grâce à notre anglais trop stérile."

"C'est une sauce fine pour une viande riche", répondit l'autre; ajoutant modestement : « Je suis, ne vous plaisez pas, monsieur, mais quelqu'un qui, ayant peu de latin et moins de grec, doit faire un changement avec ce qui lui reste.

"Votre discours vous dément, monsieur", rétorqua courtoisement Maître Francis, "car il proclame un homme d'une belle discrimination. Je pourrais jurer que vous êtes docteur en droit."

" Alors voudriez-vous parjurer, " répondit l'autre en riant, " car, par la grâce de Dieu, je suis le proche parent du caniche dansant d'une fête foraine. Venez n'importe quel après-midi à trois heures au Curtain Play-house. à Shoreditch, et là, pour six pence, vous pourrez voir mes pitreries.

"Ah, alors tu es un joueur !" » s'écria Maître Francis, très content.

" Faute d'une vocation plus honnête, " répondit son compagnon avec un geste comme qui devrait dire : " Dites-moi où peut-on trouver un honnête ? "

"Alors nous sommes dans le même cas", rit Maître Francis. « *Fere totus mundus exercet histrionem* , dit Phèdre ; ou, comme on pourrait le dire sans ambages : « Le monde entier est une scène ».

"Je pense que notre anglais a le meilleur jingle", a commenté le joueur. "Serait-ce qu'un auteur de mots pourrait refaire ces anciens tirages pour remplir les maigres bourses de nos bouches !"

Ils étaient maintenant arrivés à la large arcade basse menant à la cour du Taureau, et en passant sous son ombre, maître Francis se souvint des pièces de théâtre dont il avait été témoin là dans son enfance.

" Ah, " dit son compagnon, " il n'y a pas si longtemps que nous, pauvres joueurs, avons accroché notre unique rideau là où nous pouvions. Maintenant, nous avons nos propres salles de théâtre, et quand les serviteurs du Lord Chamberlain occuperont le Globe à Bankside , tu verras comment les pièces de théâtre peuvent être présentées. Mais *Navita de ventis de tauris raconte un orateur* , comme le dit ton potin Properce, bien que j'aime mieux l'adage simple : « Un bricoleur parlera de son métier. »

Ils trouvèrent le marin dans la petite pièce derrière le robinet, véritable grand prêtre de quelque culte mystique en dignité. Il salua chaleureusement les visiteurs et leur expliqua bientôt la véritable relation entre son pot de tabac séché et les fourneaux de pipe en terre au bout des roseaux creux. Il les avertit de faire attention, lorsque le charbon de feu était appliqué, à ne pas attirer la fumée dans leur bouche trop brusquement et à ne pas tousser. C'était un homme basané, avec des anneaux de cuivre aux oreilles et de longs cheveux tressés en queue derrière, et son récit du héros roi sauvage captif jusqu'à ce que les secrets intérieurs de l'art de fumer soient révélés en guise de rançon était en soi une histoire. ça vaut bien ses honoraires.

"Je vous en prie, messieurs, ne tenez pas la pipe trop à la légère, ne la lisez pas et ne gâterez pas vos vêtements", leur ordonna-t-il. "Et, avec votre permission, il faut le saisir entre le pouce et l'index, bien équilibrés pour que l'avant-bras ne se lasse pas. Si le cerveau est affligé par la vapeur, il est bon de s'arrêter et d'inspirer quelques bouffées d'air commun. Prolongez le "petit doigt négligemment et composez le visage comme si la saveur était agréable, car cracher et grimacer à la pipe étaient des plus inélégants."

"À vous pour un valet fieffé !" s'écria maître Francis en se levant d'un bond, exaspéré par l'affectation solennelle d'une sagesse supérieure. "Ce n'est au mieux qu'un divertissement indifférent, et quant à l'art, je ne connais pas d'idiot assez grand pour l'entourer."

Il était devenu un peu pâle au niveau des lèvres et ses nerfs le picotaient.

"Non, alors", protesta son collègue enquêteur, "si le goût était moins vil et la saveur moins semblable à celle d'une forge, cela ferait un excellent remède pour quelqu'un qui a trop de santé."

Le marin était un homme au mauvais caractère, qui non seulement avait navigué avec les marins impies de Raleigh mais, si la vérité avait été connue, dans d'autres services encore moins honorables. En entendant son entreprise ainsi bafouée, sa colère monta, et avec un puissant serment il se tourna vers ses clients.

« Une peste pour de tels garçons de chevaux ! » il s'est excalmé. "Retournez aux écuries dont les odeurs vous conviennent le mieux. Laissez les réalisations élégantes à vos supérieurs."

Maître Francis, devenu effrayé de voir ses genoux céder sous lui, et aveuglé par une pellicule qui nageait devant ses yeux, se dirigea d'un pas chancelant vers la porte, moitié jetant, moitié laissant tomber sa pipe sur la table de chêne, où le bol d'argile rouge tomba brisé en mille morceaux . une douzaine de fragments.

"Prise!" s'écria le marin. "Pas un pas de plus, mon vaillant, jusqu'à ce que tu m'aies payé dix shillings pour ma pipe cassée."

Il sauta sur l'homme le plus léger et, le saisissant par les épaules, lui aurait fait violence si l'autre fumeur n'avait interposé un double poing nerveux sous son nez courroucé et lui avait ordonné de lâcher prise. Comme l'ordre n'a pas été immédiatement observé, un coup violent a suivi.

"Dégage mon sang !" » rugit le pirate en se tournant pour frapper au hasard.

« Gadslide ! » » répondit le joueur en lui faisant face et en actionnant ses deux poings avec un tel effet que bientôt la table gémit sous le poids du flibustier en difficulté, tandis que les pipes, la cruche et la précieuse herbe volaient.

Le tumulte fit sortir en courant la compagnie de la salle des fêtes, les clients, les domestiques, le tiroir, le garçon de cuisine, quelques valets de chambre, jusqu'à ce que la petite pièce se remplisse jusqu'à l'étouffement. Les épées étaient tirées, les gourdins marqués au fer rouge, au-dessus du vacarme les serments des marins retentissaient comme le canon d'un sloop de guerre en action.

"Bons amis", cria le joueur en sautant sur un tabouret pour attirer l'attention, "voyez à quel point fumer de cette herbe amènera un homme. Je vous prie d'attacher rapidement cet homme et de l'amener sain et sauf à Bedlam avant qu'un méfait ne se produise." arrive."

Maître Francis se laissa tomber dans le coin d'un siège à haut dossier, trop malade pour se soucier beaucoup de ce qui se passait autour de lui, et ce ne fut que quelques instants plus tard, en plein air et appuyé contre un mur, que la conscience revint. Son champion lors de la dernière rencontre se tenait à côté de lui.

« Monsieur, » dit l'étudiant, « c'est à vous que je dois ma préservation, bien que, par mon honneur, j'aurais fait une meilleure figure dans l'escarmouche si les vapeurs de cette mauvaise herbe ne m'avaient pas maîtrisé. Comment avez-vous fait notre évasion ? ?"

"Comme Énée avec Anchise sur le dos", répondit l'autre en riant. "'Il était grand temps de nous retirer, n'étant que deux contre tant de personnes, même si, par ma foi, j'ai rarement vu une ouverture plus joyeuse pour une partie de casse-crâne."

Le joueur, qu'il soit animé par l'humour ou par la générosité, semblait disposé à prendre toute cette affaire à la légère. Saisissant le bras de son compagnon, il soutint les pas encore incertains de ce gentleman en direction du logis de Maîtresse Hodges. Il parlait de combats et de bagarres comme si de tels passe-temps étaient monnaie courante chez les hommes d'esprit, que ce soit par le fait de mettre à leurs trousses un équipage de pinasse composé de marins ivres, ou par quelque ruse déjouant la montre . À la porte, Maître Francis ne pouvait faire moins en termes d'hospitalité que d'inviter un allié aussi solide à entrer.

"Venez dans mes appartements et reposez-vous pendant", dit-il, ajoutant avec regret, "bien qu'ils soient en effet simples et n'offrent pas de meilleur divertissement que ma pauvre compagnie."

"Bon courage", répondit l'autre en reculant pour mieux voir la maison. "Par mes domaines à la Chancellerie !" s'écria-t-il, ce toit hérissé qui pose sa lance contre le bouclier même de la lune a déjà rencontré mes yeux. C'était ici, à moins que ma mémoire ne soit une fille de cuisine menteuse, que notre noble Christophe logeait, le prince et potentat des pots d'étain. ".

"Et connaissiez-vous Maître Christopher ?" demanda Maître Francis avec un intérêt croissant.

"Mariée, je l'ai bien connu", a répondu le joueur. "Épousez-vous, poète. Épousez-vous, un rimester, pour vous coupler un distique pendant que votre combattant flamand boit une chope de sac, et payez avec un sonnet l'honnêteté de son propriétaire. "La première ligne, disait-il, dira le poids. Et ici il écrivit un rien. "Il en est de même du second, qui chante sa largeur; le troisième proclame sa profondeur" - un autre rien, et ainsi jusqu'à ce que la mesure du verset soit écrite. "Maintenant, ajoute-les pour toi, ", dit-il au marchand de Malvoisie nourri au rhum, " et par la soif de Tantale, la somme blasera à la fois ton honneur et ma dette. " "

"Je pense que ce n'était qu'un tour de scorbut", protesta maître Francis en riant avec tolérance. "Qu'est-ce que l'hôte lui a dit ?"

"En toute confiance", répondit le joueur, "il a constaté que le compteur était en panne et a réclamé de l'argent. 'De l'argent !' " " Réfléchissez bien, dit Kit. Car si, comme les hommes de raison en conviennent tous, rien ne vaut mieux que l'argent, vous êtes surpayé pour ne rien obtenir ! "

"C'était vraiment un bel esprit", dit maître Francis. "Entrer!" » insista-t-il avec un geste d'hospitalité.

"Non!" s'écria l'autre. "Comme je suis un homme juste, il est périlleux d'entrer dans le château d'un écrivain où celui qui n'est pas offensé est souvent fouetté avec des paroles ou, ce qui est plus effrayant, mis au pilori en prose. Et en plus, cet Hebe de tous les Hodges, j'ai entendu dire, ce Hélène de Houndsditch, a caché derrière sa porte un gros balai pour les joueurs," ajouta-t-il, faisant semblant de regarder autour de lui avec méfiance alors qu'il suivait son hôte dans les escaliers, Maître Francis allant d'abord allumer une bougie avec un silex et un acier.

"Entrez," dit-il alors que la flamme s'allumait, "et bienvenue dans mes appartements, même si ce pauvre bain de sous n'est guère meilleur qu'un ver luisant qui sert à rendre les ténèbres visibles."

"Ainsi brille une bonne action dans un monde méchant", répondit l'autre en se jetant sur un siège.

"Tu es toi-même poète !" » s'écria Maître Francis, « car vous tempérez le fer froid du discours grossier avec l'huile de la métaphore ».

"Non," dit le joueur, "je ne suis pas un rimester, mais comme un broyeur à ciseaux, je donne parfois un avantage plus aigu aux inventions de meilleurs hommes. Ma foi," continua-t-il en regardant autour de lui avec approbation, "je ne savais pas que notre Kit était si bien logé. C'est un berceau idéal pour courtiser la Muse. Ami, si j'avais votre table et votre chaise, votre encrier et votre esprit, il ne me faudrait pas longtemps pour être propriétaire de cent livres.

"Cent livres?" » haleta Maître Francis. "Croyez-moi, ce n'est pas à partir d'encriers que l'on fait des ébauches aussi miraculeuses." Il désigna de la main les papiers éparpillés sur la table. "Écoutez," dit-il, "il m'a fallu un an pour rendre autant de papier honnête sans valeur."

"Vous perdez votre temps", répondit légèrement le joueur. "Au lieu de discours savants, de traités et de thèses auxquels notre époque ne croira pas et que la prochaine s'avérera très certainement fausse, vous devriez inventer un masque, une momie, une pièce de théâtre pour laisser bouche bée la bouche grignoteuse des gens du sol et faire en sorte que les doux les dames des loges mâchent et murmurent à leurs cavaliers : « Ah, moi, c'est une mort si douce ! Oh, la ! et « ce serait pur d'être ainsi défait ! »

"Un pièce!" s'exclama le savant surpris. "C'est une tâche qui incombe aux poètes, pas aux hommes érudits."

"Ne dis pas ça!" l'autre s'interposa. "Car l'apprentissage n'est que de la poésie devenue prude. Amadouez-la avec des baisers, réconfortez-la avec un soupir, donnez-lui une ceinture brodée et un éventail, et appelez-moi Cerbère si votre sérieuse Minerve ne veut pas faire un joyeux pas au luth d'Orphée."

"Et si elle devait jouer ainsi pour moi, comment l'avantage devrait-il s'ensuivre ?" » demanda Maître Francis avec un intérêt croissant, alors qu'il se penchait en avant à la lueur des bougies pour saisir la réponse.

"C'est la simplicité même", a répondu le joueur. "Regardez, cette salle de spectacle du Globe nouvellement construite va bientôt être inaugurée, et la ville est à la pointe de la curiosité pour en contempler les merveilles. Les joueurs se tiennent comme des lévriers dans leurs gyves, les compteurs attendent l'accueil. des coups de monnaie, et Burbage, plus fou qu'un lièvre en mars, bondit doublement sur sa piste ici et là pour trouver une pièce.

"Bien sûr, Londres compte autant d'auteurs dramatiques qu'un fromage a d'acariens", commenta Maître Francis.

"C'est vrai," répondit l'autre, "mais regarde-toi, voici un cas où Mite et Wright ne sont pas d'accord. Car l'un est fou, et l'un a perdu sa ruse, et l'un dépensera en boisson l'argent qu'on lui a donné pour l'encre, et le kit. , le maître de tous, écrit des comédies pour les ombres dans la cour de Pluton. En réalité, il ne semble pas y avoir de meilleur marché pour cent livres que "un chapeau de bonimenteur composé de cerises pourries".

"Cent livres!" » haleta Maître Francis. "La somme rend mon ambition satisfaite."

"Ah, ha, mon maigre érudit !" s'écria le joueur. "Cette question ne vaut-elle pas la peine d'être étudiée ?"

« Se marier, c'est possible, » avoua maître Francis, « si seulement on en avait la fantaisie. »

"Oh, à ce propos," répondit l'autre, "je te garantis que lorsque ton sang coulait chaud du chaudron plein de jeunesse brûlante pour les lèvres, ton imagination t'a joué de nombreux jolis masques, car la jeune imagination rêve plus de rêves que l'âge éveillé. " Ceux-ci évoquent à nouveau, déverrouillent votre placard, déverrouillent votre coffre au trésor... " Ici maître Francis sursauta, mais le joueur continua insouciant : " Par ma foi, ce coffre de coquin pourrait bien être la tombe dans laquelle le meilleur d'entre toi est enterré.

Il fit un mouvement de la main vers la loge de Christophe défunt, et le visage de maître Francis pâlit à la lueur des bougies.

"Quoi de neuf mec?" demanda l'autre. "Avez-vous un souvenir de cette dernière pipe à tabac ?"

"Monsieur," s'écria maître Francis en se levant lentement, "est-il vrai qu'une pièce de théâtre peut être vendue pour autant d'argent ?"

"Dans la pièce de la Reine", répondirent les autres. "Pour que cela vaille la peine d'être joué, pour que ce soit une pièce telle que Kit aurait pu écrire."

Maître Francis, reprenant la bougie, se dirigea vers le coffre.

"Je vous prends au mot", dit-il. "Comme quelqu'un qui rampe avec une lanterne enveloppée et avec une pelle étouffée pour forcer les gonds moisis de la porte de la Mort, je vous ramènerai une pièce de théâtre."

Il se baissa, souleva le couvercle, saisit le premier manuscrit qui rencontra sa main et le brandit triomphalement à son compagnon assis sur la table.

"Un pièce!" s'écria l'autre en reprenant le rouleau. " Ah, alors j'ai bien deviné. C'est un écrivain ennuyeux, le mieux adapté aux homélies des hommes d'église endormis, qui n'a pas encore jeté Thalia rougissante sous son menton blond... Qu'avons-nous ici ? " » demanda-t-il en étalant les pages ouvertes devant lui. "Une pièce, en effet ! Une comédie, ma foi ! Gadslid, une tragédie

! Un miracle des chefs-d'œuvre, un chef-d'œuvre des miracles ! Ce sera le sujet de conversation de la ville de Londres et dans les âges à venir, lorsque de majestueuses salles de théâtre se dresseront là où maintenant le sauvage peint fend son ennemi, votre jeu gagnera l'argent timide et prudent des nations encore à naître, votre renommée... "

"Paix, paix !" protesta Maître Francis avec un sourire qui aurait fait honneur à son oncle, le Seigneur Trésorier, "vous êtes comme un marchand de louanges rémunéré qui braille le plus fort pour vanter le livre qu'il n'a pas lu."

"C'est mon âme prophétique", répondit joyeusement le joueur, et agitant le parchemin au-dessus de sa tête, il poursuivit: "Écoutez, écoutez, bons serviteurs de la reine, voici de la viande pour vos digestions, de la matière pour votre esprit; voici de l'esprit. et de la sagesse, de la prose et de la poésie, pour vous faire jurer que le brave Kit Marlowe parcourt à nouveau la terre.... Venez, potins, écrivez votre nom sur la feuille de titre. Vous êtes trop modeste.

"Je ne peux pas vendre mon nom", dit Maître Francis en se retenant.

"Des parents contre nature !" rugit l'autre. « Voudriez-vous ainsi lâcher votre progéniture dans le monde sans filiation ?

"Je ne serai pas le père d'un gosse si mal engendré", répondit Maître Francis.

"Comment répondrai-je alors à Burbage s'il demande à l'écrivain ?" » demanda le joueur.

"Comme vous le pouvez", répondit Maître Francis avec un haussement d'épaules. "Ne vous en faites pas, dites que c'était vous-même. Je m'en fiche, donc mon nom ne sera pas révélé."

"Ce sera une plaisanterie", s'écria le joueur en riant, "une plaisanterie qui, si la pièce trouve grâce, peut être corrigée à tout moment."

Et prenant une plume, il la trempa dans l'encrier pour écrire sur la page :

LA TRAGÉDIE DE ROMÉO ET JULIETTE
DE WILLIAM SHAKESPEARE

"Un titre approprié, certainement !" commenta l'érudit en regardant par-dessus son épaule. "Votre nom, ami Will, devrait attirer l'attention du public plus astucieusement que celui de Francis Bacon."

LE MYSTÈRE CARHART

La conversation était devenue évocatrice, comme le seront les conversations lorsqu'une vieille connaissance remue son café après le dîner et que les couronnes bleues de bonne fumée de tabac flottent vers le plafond, comme d'agréables spectres, dans la lumière tamisée des lampes abat-jour.

Barton et moi, en suivant certains chemins sinueux de la mémoire maintenant presque envahis, risquions d'oublier nos bonnes manières jusqu'à ce que Willoughby nous rappelle sa présence.

"Je ferais aussi bien de profiter de cette opportunité pour faire une sieste", dit-il, étendant ses longues jambes vers le feu et s'enfonçant dans l'un des fauteuils les plus attrayants de Barton. "Réveillez-moi simplement lorsque vous aborderez un sujet que je connais un peu. Il se trouve que je vivais en Inde à l'époque où se déroulaient les épisodes passionnants de thé et de tennis dont vous vous souvenez si tendrement et, à vrai dire, "Ils m'ennuient."

Barton rit.

"Oh, nous en avons fini avec les souvenirs, et maintenant vous aurez l'occasion de nous ennuyer avec une histoire indienne ou quelque chose du genre en guise de récompense", dit-il avec la franchise qui n'est permise qu'entre hommes qui se connaissent bien. "Expliquez-nous clairement la différence entre un maharadjah et un pyjama pongé, et allez-y."

"Au moins, mes histoires ne traitent pas de duels qui se sont terminés par celui de Delmonico, ni de flirts qui ont échoué", affirma Willoughby en soufflant un nuage d'encens parfumé dans l'espace. "Je n'ai aucune idée de gaspiller du matériel occulte pour quelques Philistins de rang, mais si j'étais ainsi disposé——"

"Cher garçon!" » dis-je, plutôt irrité ; car je n'aime pas le patronage stupide, même dans le plaisir. « Soit Barton, soit moi pourrions vous raconter un incident qui s'est produit dans cette même pièce, à moins d'un mètre de l'endroit où vous êtes assis, assez remarquable pour que votre conte de Kiplingest dans la jungle paraisse aussi apprivoisé que « Le chien de Mère Hubbard ! »

"En effet!" dit-il en s'enfonçant encore plus dans son fauteuil, avec quelque chose qui ressemblait à un bâillement ; et Barton, en se levant et en se dirigeant vers la cheminée, me lança un regard de remontrance que je me gardai bien de reconnaître.

"Ah, voici Nathan avec du café frais", annonça notre hôte, clairement pour changer de sujet, tandis que la silhouette aux épaules rondes de son digne valet de chambre apparaissait à la lueur de la lampe. "Priez, laissez-le remplir vos tasses, et, si ce n'est pas assez fort, n'hésitez pas à lui dire."

"Ce ne sont pas les messieurs du café dont j'avais envie quand j'étais jeune", commenta Nathan, un peu tristement, et avec ce zézaiement amusant qui faisait de lui un personnage, bien qu'il fût un homme plutôt ennuyeux, même pour un valet de chambre.

"Je ne prends jamais une deuxième tasse", a déclaré Willoughby, ajoutant: "Mais si c'est pareil, je pourrais être tenté par une gorgée de soda plus tard, disons dans une demi-heure environ."

Cela m'a paru être une excellente suggestion, et Barton pensait évidemment la même chose.

"Apportez du soda dans une demi-heure", ordonna-t-il au serviteur, "et faites attention à ce qu'il soit froid."

« Ce n'est jamais autrement que vous avez eu votre thoda une nuit pendant quinze ans, » rétorqua Nathan, avec assez de vérité, sans doute, pour justifier la protestation ; et tandis qu'il quittait la pièce, les invités de « Jim » Barton ont ri.

"Je propose que nous accordions une demi-heure à votre fil", a déclaré Willoughby en croisant les jambes. "Enfin, si cela peut être dit en trente minutes."

"Cela ne vaut pas la moitié de ce temps si on le disait du tout", a répondu notre hôte. "L'histoire ne vaut pas grand-chose, au mieux, mais donner au vieux Joe ici l'occasion d'avoir un dîner intime trop élaboré."

Au fait, je m'appelle Joseph.

"Oh, si vous acceptez cette explication…" commençai-je à l'invoquer, car j'avais hâte que Willoughby comprenne que des choses intéressantes pouvaient se produire ailleurs qu'en Inde.

"Je ne l'admets pas du tout !" s'écria Barton en l'interrompant. "Je vous assure, Willoughby, sur ma parole, aussi sûr que je me tenais ici, que je n'avais rien goûté de plus puissant qu'un verre ou deux de Bourgogne ce soir-là."

"Quelle nuit ?" demanda Willoughby.

"La nuit où le jeune Carhart a disparu", intervins-je de manière impressionnante. "La nuit où un individu de six pieds de haut et plus lourd que n'importe lequel d'entre nous a disparu aussi complètement de cette pièce qu'une bouffée de fumée se dissout dans l'air."

"J'ai vu un nuage de fumée passer à travers une fenêtre", suggéra Willoughby en riant, même si son intérêt avait visiblement été éveillé, car il jeta un coup d'œil vers la baie de verre au plomb qui constituait l'un des éléments les plus agréables du confortable fumoir de Barton. .

"Mais personne n'est jamais passé par cette fenêtre en particulier", répondis-je, prenant sur moi le fardeau de l'illumination, malgré la désapprobation très apparente de mon hôte. "Cette fenêtre donne sur la cour d'un voisin, et depuis que la maison a été construite, elle a été barrée aussi lourdement que vous la voyez maintenant."

Je me levai d'un bond et, après avoir appuyé sur un bouton qui allumait une douzaine d'ampoules électriques aux quatre coins de la pièce, j'écartai les rideaux lumineux.

"Examinez par vous-même !" J'ai pleuré, un peu à la manière d'un showman.

"Je vous crois sur parole, le fer dans cette grille est authentique", dit Willoughby sans se lever. "Et j'admets qu'aucun Yogi à jeun ne pourrait se faufiler dans des interstices aussi petits. Mais qu'en est-il de la porte ?"

"La porte", m'empressai-je de lui assurer, "était alors telle que vous la voyez maintenant, une ouverture de trois pieds de large, et Barton lui-même se tenait devant elle dans le hall, à un seul pas du seuil."

J'aurais dû poursuivre mon empressement à attirer l'attention sur les murs, le plafond et le sol, tous manifestement exempts d'ouvertures secrètes, si Barton ne l'avait pas interrompu.

Se levant avec inquiétude devant la cheminée, il dit : « Notre ami Joe n'a pas expliqué qu'il ne savait rien des circonstances au-delà de ce que je lui ai dit.

"Mais pas en toute confiance", protestai-je.

"Non", a admis Barton, "pas en toute confiance." Et à son autre invité, il dit : « Je n'ai pas caché cet étrange événement, Willoughby, et ma réticence à en discuter vient du doute que ma longue familiarité avec les circonstances ne m'a pas empêché de donner à chacun sa place. J'ai constamment peur de tomber sur une faiblesse que j'ai négligée dans la chaîne, et pourtant ce serait un soulagement de découvrir un tel défaut. J'aurais dû faire appel immédiatement à un expert. J'aurais dû demander l'avis d'un détectives ; et telle aurait sans aucun doute été ma démarche si les plus intéressés ne m'en avaient pas dissuadé, le père du jeune Carhart m'a télégraphié : « Ne dites rien aux autorités. Disparition expliquée de manière satisfaisante. Et, à l'époque, cela suffisait. Ce n'est que quelques mois plus tard que j'appris que cette famille était théosophe, une secte pour laquelle rien n'est plus satisfaisant que l'inexplicable. Je n'ai, moi, aucune théorie à avancer. " Mon hôte était là un moment, et l'instant d'après il était sorti d'une chambre où les seules ouvertures étaient une fenêtre grillée et une porte gardée. Son pardessus et son chapeau sont toujours en ma possession ; et, d'après tout ce que j'ai pu apprends, on n'a plus entendu parler de lui depuis."

« Je vous prie de ne pas juger nécessaire de me raconter davantage cette histoire si cela vous afflige », protesta courtoisement Willoughby ; car le visage de Barton était devenu grave, et j'avais commencé à sentir que mon introduction sur le sujet était inopportune. Mais notre hôte n'a pas tardé à le rassurer d'un geste.

« Au contraire, dit-il, vous venez tout juste de rentrer de l'Inde, où, comme je l'ai entendu dire, les disparitions mystérieuses ne sont pas rares et les choses occultes sont mieux comprises. Votre opinion nous sera du plus grand service.

"Dans ce cas," répondit Willoughby, redevenant immédiatement alerte, commençons par le début. Qui était Carhart ? Comment est-il venu ici ? Quelle a été la manière dont il est parti ?

"C'est juste le mystère", intervins-je.

"Joe, s'il te plaît, ne m'interromps pas", dit Barton, faisant un effort pour rassembler ses pensées.

"Asseyez-vous, vieil homme", suggéra Willoughby. "Nous étoufferons Joe s'il parle encore. Maintenant, voyons les faits. Je suis profondément intéressé. Asseyez-vous."

Barton obéit jusqu'à se percher sur le large bras d'un fauteuil en cuir.

« Je ne serai pas tragique », commença-t-il ; car, comme je l'ai dit, il peut y avoir – en fait, il doit y avoir – une explication purement naturelle. Bien sûr, vous n'avez jamais rencontré le jeune Carhart ; car il est venu ici pendant votre absence. Il n'avait que peu de connaissances à New York ; car, bien qu'il ait apporté de bonnes lettres de Boston, où vivaient ses gens, il n'avait pas choisi de les présenter. C'était un type très attirant : demi-arrière à Harvard, aviron et tout le reste. Un grand gars du Hasty Pudding Club, et poète de sa classe, mais juste un peu… devrais-je dire… sensible et… »

"Doux", suggérai-je.

"Non", contredit Barton; "Mais à vrai dire, il n'a jamais pu résister à un joli visage. C'était là son défaut."

"Homme remarquable !" Willoughby a commenté avec ferveur.

"Hé quoi," répondit Barton. "À cet égard, au moins. Il est allé trop loin. Il voulait épouser toutes les jolies filles qu'il rencontrait. Il se serait marié une douzaine de fois avant d'obtenir son diplôme, si ses amis n'étaient pas intervenus."

"Dieu merci pour les amis !" » commenta Willoughby avec encore plus d'enthousiasme.

"Jusqu'à ce qu'enfin", continua Barton, maintenant suffisamment lui-même pour ponctuer son récit de bouffées occasionnelles de son cigare, "enfin Carhart tomba sous l'influence d'une veuve."

"Une veuve designer", ai-je ajouté pour rendre la situation plus claire.

"Attractif?" » s'enquit Willoughby.

"Oh, décidément."

"Des charges?"

"Non", répondit Barton. "Pas exactement. Il y avait des rumeurs concernant un mari quelque part, mais il n'a pas été produit."

"Une jolie veuve échappe à l'acte d'habeas corpus", songea Willoughby.

"Tout à fait", a admis Barton. "Mais, en tout cas, il n'y avait rien de vraiment connu contre la dame, à l'exception d'une jeune tante, et ce parent répréhensible était, d'ailleurs, tout aussi opposé au mariage que l'étaient les propres gens de Carhart."

"Et pourquoi s'y sont-ils opposés ?"

"Oh, vous voyez, avec ses penchants pour la poésie et le théâtre, ils avaient peur qu'un mariage malheureux ne le conduise à la scène et, bien sûr, ils ont pris toutes les mesures pour l'empêcher."

Ici, Barton s'arrêta pour allumer un cigare frais, pendant que nous, les autres, sirotions notre café pensivement.

"Et quelles étaient ces mesures préventives ?" » s'enquit Willoughby.

"Oh, c'est la chose habituelle", a déclaré Barton. " Menaces, harcèlements, conseils et promesses. Tout cela n'a pas réussi à l'émouvoir ; il était déterminé à en faire sa femme et, comme dernière ressource, son père m'a écrit, me remettant l'affaire sans réserve. Nos ancêtres sont venus sur le même bateau, à ce qu'il paraît."

"Le *Mayflower*", ai-je respiré, mais c'était à peine nécessaire.

"Tout à fait", a-t-il admis; "et cela implique bien entendu une certaine obligation."

"Bien sûr", avons-nous tous deux acquiescé, et le récit a continué.

"Une fugue avait été planifiée, comme nous avions toutes les raisons de le croire, pour une certaine soirée ; et l'aîné Carhart a gardé les fils de Boston sous tension toute la journée en m'appelant à sauver son fils."

"Et toi?" » s'enquit Willoughby.

"Oui," répondit prudemment Barton, "d'une certaine manière."

"Comment?"

"J'ai commencé par l'inviter à dîner."

"Et bien sûr, il n'a pas accepté ?"

"Oh, oui, il l'a fait. Il a accepté et est arrivé à l'heure, et je dois dire que je n'ai jamais vu un homme affronter un filet mignon bordelaise avec plus de satisfaction extérieure; et, bien que nous parlions de sujets indifférents, son esprit semblait exubérant au-delà de tout. limites. Mais vous pouvez être sûr que je gardais un œil sur chacun de ses mouvements. J'étais déterminé à ce qu'il ne s'échappe pas. Dans une extrémité, j'étais prêt à lui administrer une potion somnifère inoffensive dans son café.

"En effet!" » dit Willoughby en posant sa tasse et en faisant courir une langue chercheuse et méfiante sur le bord de ses lèvres.

"Une mesure drastique, je l'admets", continua Barton, "mais que j'aurais dû considérer comme justifiable, aurais-je pu prévoir l'échec de mon autre plan. Vous connaissez ma sœur aînée, Emily ?"

Nous nous sommes inclinés, car c'était un devoir de connaître Emily.

"Et tu connais sa fille aînée, Emeline ?"

Nous nous inclinâmes encore ; ce fut un plaisir de connaître Emeline.

"Eh bien", poursuivit Barton, "il se trouve qu'ils devaient dîner ce soir-là dans le quartier, et je me suis arrangé avec eux pour me rendre visite de manière désinvolte peu après leur dîner, qui était petit et informel. J'étais convaincu, voyez-vous, que Carhart ne pouvait manquer de tomber désespérément amoureux d'Emeline, qui aurait simplifié les choses d'un coup."

Bien sûr, nous avons tous deux accepté – moi par politesse, mais Willoughby, comme je l'imaginais, avec un teint quelque peu accentué.

"Je présume que vous n'avez pas fait confiance à Miss Emeline", dit-il avec un peu de raideur.

"Non", répondit Barton, "mais j'ai souvent souhaité depuis lors être plus franc. C'est juste le genre de chose pour laquelle elle est douée."

Willoughby jeta son excellent cigare, à moitié fumé, dans la cheminée, avec une violence qui semblait inutile.

"Vous disiez que votre plan avait échoué", a-t-il incité.

"C'est vrai", a répondu l'hôte. "Cela a complètement échoué, comme vous le verrez. J'ai gardé mon jeune ami à table le plus longtemps possible, et Nathan - c'est à son honneur, je le dirai - n'a jamais été plus délibéré; mais quand Carhart avait refusé les amandes et les raisins secs assez ostensiblement Pour la troisième fois, nous nous sommes levés de table alors que l'horloge sonnait dix heures et sommes entrés ici pour fumer. Les lumières étaient faibles, comme elles l'étaient avant que notre ami Joe n'essaye de nous aveugler.

"Je vous demande pardon!" M'écriai-je et, me précipitant vers le bouton, je réduisis la pièce à la pénombre.

"Ah, c'est plutôt ça", a déclaré Barton. "Je préfère de loin la lumière tamisée. Eh bien, nous étions là - Carhart devant la cheminée, où je me tenais tout à l'heure, fumant assez calmement, et moi entre lui et la porte, écoutant le son de la cloche qui pourrait à tout moment " Je me souviens parfaitement que nous parlions de chiens setters, et, comme vous pouvez bien le croire, je n'ai jamais été aussi pressé d'anecdotes de ma vie, quand enfin l'appel bienvenu arriva. "

"Je pensais que tu avais dit que ton plan avait échoué", intervint Willoughby.

"C'est vrai", rétorqua Barton. "La cloche, qui résonnait dans toute la maison, n'était pas du tout sonnée par Emily, mais par une servante avec un mot d'elle disant que, étant indisposée, ma sœur avait décidé de rentrer directement chez elle. Emeline, ajouta-t-elle, allait Je me suis lancé dans une danse infernale. Je n'avais donné à Carhart aucune indication de la venue de ma sœur et, bien sûr, je n'ai pas révélé le contenu de sa note. En fait, j'ai fait de la faible lumière une excuse pour entrer dans la salle plus lumineuse, et cela me permit de lui cacher mon premier chagrin. Alors que je me tenais à moins de deux pieds du seuil, débattant de ce que je devrais faire, j'observai que Nathan fermait la porte d'entrée au messager, et bientôt il me dépassa, se dirigeant vers son garde-manger. , comme je le pensais. J'ai dû rester là, devant la porte, près d'une minute, même si cela me semblait beaucoup moins, car, lorsque je me retournai, Nathan était de nouveau à mon coude, tenant à la main un plateau de tasses.

"'Tu as servi le café il n'y a pas une minute, espèce d'idiot !' dis-je en trahissant l'irritation que j'éprouvais, et d'ailleurs, je l'avoue, l'odeur du café me rappelait très douloureusement le seul projet qui me restait alors.

"'Je pensais que vous seriez peut-être prêt pour ça davantage,' persista Nathan, avec son zézaiement le plus agaçant. 'Je ne savais pas que le monsieur était parti.'

"'Disparu!' M'écriai-je. "Vous devez être aveugle. Le monsieur, M. Carhart, est dans le fumoir."

"'Je vous demande pardon, mais il ne l'est pas," rétorqua Nathan en s'éloignant de moi comme pour éviter un coup. "Ce monsieur n'est pas dans la salle de réunion."

"'Idiot!' J'ai pleuré et je me suis précipité loin de lui, mais l'instant d'après, j'avais trouvé ses paroles trop vraies. Carhart avait disparu, disparu, fondu, pour ainsi dire, dans l'élément air.

"Étrange!" Réfléchis-je, baissant la voix pour aider l'orgasme de Barton.

« Assez étrange ! s'écria Willoughby, moins impressionné que je ne l'avais espéré. "Et donc votre serviteur a été le premier à faire la découverte ?"

"Oui", répondit Barton; "même si je ne lui ai jamais fait part de mon étonnement. J'ai fait de mon mieux pour le faire passer pour une plaisanterie. Je lui ai laissé croire que Carhart m'avait quitté avant la stupide erreur du deuxième café."

"Je vous demande pardon, à eux," vint l'accent blessé et zozotant venant de l'obscurité. "Je n'ai jamais apporté de café préparé ce soir-là, parce que le chat avait renversé la cafetière, et je ne pensais pas non plus que le monsieur était parti."

Barton, cachant son agacement, resta assis un moment à regarder sa maison avec une indifférence feinte.

"Et je vous prie, qu'avez-vous dit alors, quand vous étiez là à côté de moi, à la porte ?" il a ordonné.

"Rien du tout, elle", répondit Nathan. "Je n'étais pas là. Je suis retourné dans mon garde-manger après avoir laissé sortir le méthane, et là j'ai attendu jusqu'à ce que je t'entende marteler le mur et le sol avec la pelle à feu."

"Cela suffira, Nathan," répondit Barton avec raideur; et j'ai perçu une expression étrange sur le visage de Willoughby.

"Thoda, ça?" » demanda Nathan à l'autre invité.

"Oui", fut la réponse. "Et s'il te plaît, remplis-le."

Nous nous sommes installés dans un silence gênant, tandis que Nathan jouait avec des bouteilles d'eau gazeuse, Barton touchait son cigare, je jouais avec un presse-papier et Willoughby s'occupait du feu.

"Carhart", répétait-il, presque pour lui-même. "Où ai-je déjà entendu ce nom ? Carhart !"

« Carhart ? » dit Barton d'un ton interrogateur.

"Carhart!" répéta Willoughby avec encore plus d'abstraction. "Carhart!"

"Oui, Carhart!" » ai-je ajouté, pour maintenir le fil de ma pensée.

"Carhart!" » rugit Barton en sautant sur ses pieds. "Personne ne peut dire autre chose que Carhart ?"

"Et qu'est devenue la veuve ?" » demanda Willoughby d'un ton méditatif.

"Je n'ai jamais su et je n'ai jamais voulu savoir", a répondu notre hôte.

"Joli, je pense que tu as dit", a poursuivi Willoughby. « Et aux cheveux auburn ?

"Oui, diablement jolie, diablement aux cheveux auburn. Où veux-tu en venir ?"

Willoughby leva une main apaisante. "Laisse-moi réfléchir", dit-il. « J'ai connu un homme à Calcutta. Un Américain de Boston qui vendait en gros des conserves, du calicot et des caramels ; avait une jolie femme. vieux domestique avec un zézaiement d'une manière qui vous ferait mal aux côtés. J'aimerais pouvoir me rappeler le nom de cet homme. Par Jupiter, c'était... c'était !... c'était !... "

"Quoi quoi?" J'ai demandé.

"Eh bien, 'Carhart'!"

Barton, devant le feu, vacilla sur ses pieds et s'agrippa à la cheminée pour se soutenir. Le vieux Nathan se traîna à ses côtés.

"Thoda, ça?" demanda le domestique.

"Oui", dit distraitement le maître. "S'il vous plaît, un morceau de sucre et un peu de crème."

LA MONSTROSITÉ

Quinze minutes après que M. et Mme Lemuel Livermore, accompagnés de leur fille Selma, se soient éloignés de leur confortable résidence du West Side, dans le but d'assister à une réunion de famille annuelle chez la mère veuve de Mme Livermore, Mme Pease, de l'autre côté de Central Park, les domestiques de Livermore furent émus par une sonnerie plus que d'habitude à la porte d'entrée. C'était la veille de Noël, une saison où les wagons de livraison marchands peuvent apparaître à toute heure. Les cadeaux étaient arrivés tout l'après-midi et la vue d'une grande camionnette appuyée contre le trottoir ne provoqua aucune surprise.

"Qu'est-ce qu'ils nous apportent maintenant ?" » demanda Bates, le majordome, qui daignait rarement ouvrir la porte de son garde-manger en l'absence de la famille.

"Il me semble que c'est un peu comme un canapé", répondit la femme de chambre souriante, qui savait généralement par instinct quand le lutteur devait être jeune et beau, "et les livreurs veulent savoir où le mettre."

"Un canapé, n'est-ce pas ?" s'écria le majordome en s'avançant. "J'aimerais savoir qui a eu la bêtise d'offrir un canapé à une famille qui possède déjà plus d'articles ménagers qu'elle ne sait quoi en faire. Ensuite, elle enverra une baignoire en porcelaine." » ajouta-t-il avec un grognement, alors qu'il déverrouillait la seconde moitié de la porte d'entrée pour faire place à un meuble encombrant, montant à ce moment-là les marches apparemment sur quatre pieds vigoureux. "Eh bien, les gars, essuyez-vous les pieds et mettez-le dans le salon, et quand la famille rentrera à la maison, je parie que quelqu'un recevra une bénédiction."

Le canapé était, en fait, un salon bien nourri, corpulent, moelleux et fleuri, et lorsque, ses emballages enlevés, il occupait le centre du salon rose et blanc Livermore, le bric-à-brac Livermore. les bracs, les bibelots et les bijouteries parurent pâlir un peu et se replier sur eux-mêmes, comme si une note de discorde les avait affligés.

"Seigneur!" dit franchement la servante en considérant la dernière acquisition importune, mais c'est une bête !

"Désactivez la pièce, n'est-ce pas ?" » remarqua le plus gros et le plus optimiste des ébénistes, en consultant un mémorandum dans son chapeau. "C'est utile, n'est-ce pas, quand la femme veut faire une sieste l'après-midi ?"

Le majordome et la femme de chambre échangèrent un regard de pitié tolérante, mais une telle ignorance des usages sociaux était au-delà de l'illumination.

"Mieux vaut lui donner une bonne révision pour faire ressortir les couleurs", a réprimandé l'optimiste, examinant son défunt fardeau avec admiration.

"Je ne le toucherais pas avec les pinces", a déclaré la femme de chambre, et le majordome a prophétisé: "Il ne s'arrêtera pas longtemps pour ramasser la poussière là où il est lorsque la femme le verra une fois."

"Eh bien", moralisa l'autre en jetant un coup d'œil complet sur la pièce, "c'est certainement un fait que les gens riches viennent pour toute la chance."

Et en disant cela, il se retira, accompagné de son compagnon, et les verrous furent tirés derrière eux.

"Notre dîner va devenir froid", observa le majordome. "Descendez, Mary Anne, et dites au cuisinier que j'arrive, et je descendrai les carafes. Ce xérès n'est guère bon pour être servi à l'étage."

La femme de ménage renifla.

"Soyez prudent, M. Bates", le prévint-elle. "Le vieux majordome Auguste a été licencié parce qu'il avait trouvé trop de bouteilles de champagne impropres à être servies à l'étage."

"Auguste," répondit le majordome, "était un idiot français. Il aurait dû savoir que même les messieurs larges d'esprit comptent toujours le champagne."

« Devrions-nous laisser toutes les lumières allumées dans le salon ? » demanda la femme de ménage.

"Certainement", répondit Bates ; "Il ne faudrait pas que ma femme trébuche sur cette chose dans le noir."

"Seigneur!" » dit la femme de chambre en jetant un coup d'œil partiel par-dessus son épaule. " Seigneur ! mais c'est *une* bête. "

"Une véritable monstruosité", approuva le majordome.

Le temps passait; les serviteurs s'en allèrent ; le gaz du salon ronronnait de manière apaisante ; le bric-à-brac se concertait à voix basse. Quoi qu'il arrive, il fallait faire ressentir à la monstruosité son isolement — et elle l'a fait. Il se distinguait de son environnement ; il parut soupirer, et bientôt sa poitrine plébéienne commença à se soulever comme d'émotion. Une fissure s'est développée sur son côté touffeté, une paire d'yeux est apparue à l'intérieur de la fissure. Le gaz ronronnait ; les bruits provenant de la salle des domestiques en contrebas suggéraient que le xérès avait commencé à s'exprimer en termes de gaieté. La fissure s'agrandit jusqu'à ce que le canapé s'ouvre comme un tronc gras et fleuri. Les yeux devinrent une tête, la tête d'un homme assis sur le bord du canapé et regardant autour de lui.

"Tous les zings sont pareils", se murmura-t-il dans un anglais approximatif. "Rien n'a changé sauf que les arrangements sont de moins bon goût qu'à mon époque. Ah, les gens ne savent pas quand on a de la chance."

Il soupira et, se levant, aventura sur le tapis un gros pied chaussé d'un soulier de feutre. Il se leva et regarda autour de lui avec amour, comme quelqu'un qui contemple des choses inanimées autrefois chères. Il se dirigea avec précaution et sans bruit vers la porte la plus proche et disparut. Bientôt il revint, apportant un plateau avec des pièces d'argenterie de la salle à manger, un pichet à glace, une épergne, quelques plats ; Il les roula adroitement dans des sacs de flanelle, les déposant chacun avec soin à l'intérieur de la Monstruosité. Une autre expédition a abouti à un lot d'assiettes tout aussi attrayant, à distribuer avec le même soin. Ensuite, s'approchant de la cheminée, il sélectionna une modeste paire d'images de Dresde parmi l'assortiment exposé.

"Ceux-ci", monologue-t-il, "sont à moi sans aucun doute. J'aurais pu les briser mille fois et je ne l'ai pas fait, et, par conséquent, ils sont à moi."

Il posa les personnages tendrement et presque avec un soupir à côté de l'argenterie et referma sur eux le lourd couvercle touffeté.

« Je monterai pour la dernière fois, songea-t-il avec une trace de tristesse sur ses traits gaulois, et voyez si Madame est toujours aussi insouciante avec son écrin qu'autrefois. Je vérifierai moi-même si Monsieur est toujours aussi insouciant avec son écrin. "Il enfonce ses épingles à foulard dans le coussin à épingles... Ah, mais c'est déprimant de revoir des scènes autrefois familières. Ça fait verser une larme."

La grande horloge du hall sonna huit heures et demie.

Alors même que l'horloge sonnait, le majordome se levait pour proposer un toast.

"'Voici à ceux qui nous aiment'", commença-t-il, et continua : "'Voici à nous qui aimons ceux-là'" - mais comme ce n'était pas ainsi que cela aurait dû se passer, le majordome s'arrêta et cligna des yeux en signe de désapprobation. au cuisinier, qui a ri.

"'Voici à ceux qui aiment ceux qui aiment ceux qui aiment ceux-là'", persista-t-il solennellement, et il aurait pu poursuivre la hiérarchie encore plus loin si un appel électrique venant de la porte d'entrée ne l'avait interrompu.

« Sakés ! » s'écria le cuisinier, qu'est-ce que ça peut être ?

"Plus de cadeaux", suggéra la femme de ménage.

"Une autre monstruosité, je serai lié", rit le majordome en trébuchant hors de la pièce. "Allons-y tous."

Il monta les escaliers en chancelant et parcourut le couloir en faisant des digressions notables par rapport à un parcours régulier.

"'Voici à ceux qui nous aiment qui les aiment'", chantait-il joyeusement, et quand, avec des doigts maladroits, il eut ouvert la porte d'entrée, ses yeux, toujours clignotants, ne s'aperçurent pas pour l'instant que M. Livermore lui-même se tenait sur le seuil, entouré d'une demi-douzaine de personnages étouffés.

"Bates", commença M. Livermore, "j'ai oublié ma clé, et..."

« Partez avec vous », s'écria le joyeux M. Bates ; "Nous avons déjà toutes les monstruosités que nous voulons. 'Voici à ceux qui aiment ceux que nous aimons'..."

"Bates", a déclaré M. Livermore, "vous êtes ivre."

« Shir », a déclaré Bates ; "Shir, je crois que Sherry n'était pas apte à monter à l'étage."

"Bates", a déclaré M. Livermore, "vous êtes très ivre."

"Shir," dit Bates, "shir, je vous assure que tout est dû à cette monstruosité. Monstruosité n'est pas digne de se cacher à l'étage."

Pendant ce temps, Mme Livermore n'avait pas perdu de temps pour dépasser son mari dans le couloir, suivi de Selma, suivie de sa mère veuve, Mme Pease, et de M. Bertram Pease, son frère, et de Miss McCunn, à qui M. Pease était destiné. censé être attentif, et la cousine Laura Fanshaw, et les deux demoiselles Mapes, et M. Sellars, et le docteur Van Cott, tous de vieux amis, et un jeune gentleman du nom de Mickleworth, dont personne ne connaissait grand-chose, à l'exception de Selma, qui , pour des raisons qui lui sont propres, a gardé ses connaissances pour elle. Il avait été invité à la fête de famille en tant que copain du cousin Dick Busby, et devait venir avec Dick, mais ce dernier gentleman, ayant reçu au dernier moment une invitation plus prometteuse, avait fait savoir qu'il était malade.

Pendant que M. Livermore tirait Bates à part, la femme de chambre s'occupait des vêtements des dames.

"Vous avez fini de dîner plus tôt, madame", dit-elle à Mme Livermore.

"Nous n'avons pas dîné, Mary Anne", répondit sa maîtresse. "La cuisinière de Mère a explosé, ou quelque chose d'horrible est arrivé aux tuyaux juste après que nous nous soyons assis, et tout a été gâché. Nous avons donc amené tout le groupe ici en taxi. Dites à la cuisinière qu'elle doit nous donner une sorte de repas immédiatement... en conserve. une soupe aux tomates pour commencer, suivie d'une langue froide en conserve, et..."

"Les boulettes de poisson du petit-déjeuner", suggéra Mary Anne.

"Excellent!" s'écria sa maîtresse. "Et après, on aurait peut-être..."

"Marmelade", suggéra Mary Anne.

"Et des gâteaux de sarrasin", l'interrompit Selma.

"Bien sûr", acquiesça sa mère, "il faudra pour cela... avec beaucoup de pain et de beurre... Et maintenant," ajouta-t-elle joyeusement en se tournant vers ses invités, "nous allons tous nous mettre au dessin. - chambre et devinez les énigmes jusqu'à ce que le dîner soit prêt. Quelle chance que nous ayons eu nos huîtres avant l'accident !

"Mon cher", dit M. Livermore dans un murmure, "je crains que Bates ne soit désespérément ivre."

"Oh, Lemuel, qu'est-ce qu'on fait ?" » haleta l'hôtesse, agrippant le porte-chapeau pour se soutenir.

Ils étaient seuls dans le hall et face à face avec un dilemme.

"J'y renonce", a déclaré M. Livermore.

"Vous ne pouvez pas", répondit sa femme. "Tu devras penser à quelque chose."

"Peut-être", suggéra bêtement le gentleman, "un ange pourrait être amené à descendre du ciel..."

Mais ses paroles étaient plus vraies qu'il ne le pensait ; une silhouette qui descendait les escaliers sans être remarquée se tenait maintenant devant eux.

"Août!" haleta Mme Livermore, avec un sursaut presque superstitieux.

"Oui, Madame", répondit son ancien domestique, tandis que son sourire bienveillant rassurait; "C'est moi. J'ai pris la liberté de passer souhaiter un joyeux Noël à Madame."

"Dieu merci!" s'écria l'hôtesse en retenant son impulsion de se jeter sur son cou. "Maintenant, vous devez rester et nous aider à sortir de nos difficultés. Vous savez exactement où se trouve tout l'argent."

"Parfaitement," répondit respectueusement l'homme, "et cela me fera grand plaisir de servir à nouveau Madame."

"Auguste", dit M. Livermore, "oublions le passé. Allez vite mettre la table, et mettez tout pour la rendre attrayante."

— Pardon, monsieur, protesta Auguste, ne serait-il pas déplacé d'étaler trop d'argenterie dans un repas aussi simple ?

"Il a raison", a déclaré Mme Livermore, "Auguste a raison. Son goût était toujours parfait, même en champagne."

La poursuite de la discussion fut empêchée pour le moment par l'apparition de Selma à la porte du salon, convulsée de gaieté. À ses côtés se tenait M. Mickleworth, riant également.

"Oh maman!" s'écria la fille de la maison, viendrez-vous voir ce qu'on nous a envoyé en cadeau ? La chose la plus laide qu'on puisse imaginer, une monstruosité absolue.

Mais les Livermore étaient reconnaissants pour le canapé et pour la diversion qu'il apportait. Comme aucune personne présente n'aurait pu faire un tel choix, ils se sentaient libres d'en abuser à leur guise, et ils avaient alors désespérément besoin de quelque chose à abuser... jusqu'à ce que les boulettes de poisson remplissent l'atmosphère d'un parfum bienvenu.

Plus tard, après qu'Auguste eut composé son célèbre punch, ils dirent des choses très amusantes sur le salon.

"Ce serait un cadeau de mariage capital", a ri M. Livermore, avec un regard sournois à M. Bertram Pease, et Miss McCunn a déclaré qu'elle mourrait célibataire plutôt que de commencer la vie conjugale dans la société de la monstruosité.

Au fil du temps, l'esprit de la joyeuse saison remplissait la société et des passe-temps de Noël étaient suggérés.

"Dans ma jeunesse", a déclaré Mme Pease, devenant nettement sportive, "nous jouions à cache-cache partout dans la vieille ferme, et quiconque trouvait la personne qui se cachait avait droit à un baiser."

"Capital!" » prononça le docteur Van Cott, se demandant laquelle des Miss Mapes un praticien prospère aurait le plus de chance de trouver.

"Jouons-y maintenant", s'écria l'oncle Bertram, sachant très bien qui il devait lui-même chercher avec le plus de diligence.

"Bien!" » intervint M. Mickleworth, « Je serai le premier. Tout le monde entre dans le petit fumoir, et quand je dis « Coo », sortez et cherchez-moi. À Selma, il ajouta dans un murmure : « Si, pendant que vous cherchez, vous fredonniez doucement « In the Gloaming », puis-je gratter pour vous faire savoir où je suis ?

Miss Livermore rougit.

Maintenant, bien sûr, le jeu n'était qu'une plaisanterie, à ne pas prendre au sérieux, et pour rendre la situation plus drôle, M. Mickleworth, qui, dans sa pension, gardait habituellement ses vêtements de soirée dans une boîte de divan, se rendit directement au monstruosité et y grimpa, fermant le couvercle sur lui-même. Mais il se trouve que la boîte de M. Mickleworth était démodée et dépourvue du dernier brevet breveté, imprenable pour ceux qui ne connaissaient pas la combinaison. Sa position, dans l'intérieur sombre du salon, aurait donc dû être alarmante pendant un moment s'il n'avait pas découvert un grand trou de respiration, caché à l'observation extérieure par une frange. Quelques paquets, durs et anguleux, ne causaient à ses pieds qu'un léger inconvénient.

"Roucouler!" s'écria M. Mickleworth à travers le trou, après avoir laissé suffisamment de temps pour mystifier ses camarades. Mais pendant un instant, il lui sembla que les autres n'avaient pas joué franc-jeu, car des voix parlaient près de lui.

"Dis, tu es un habile, Frenchy," remarqua quelqu'un avec un accent inconnu. "Vous aurez déjà votre photo dans la galerie."

"Zat va bien", répondit une voix étrangère, "Je connais mon affaire."

Maintenant, d'autres semblaient se joindre à la conversation, et il devint évident que toute la compagnie était entrée.

"Laisse moi sortir!" s'écria M. Mickleworth, mais dans le Babel général, personne n'entendit, et bientôt les notes argentées de Mme Livermore furent audibles au-dessus du reste.

"C'était une erreur très stupide", a-t-elle déclaré. "Tu aurais dû savoir qu'une chose aussi laide ne pouvait pas être pour nous. S'il te plaît, enlève-la tout de suite, et une autre fois, sois plus prudent en lisant l'adresse."

"Je suis désolé, maman", rétorqua quelqu'un, "mais j'espère que tu n'iras pas nous dénoncer à l'entreprise ? Nous ne sommes que des ouvriers."

"Vous avez probablement bu", répondit magnanimement M. Livermore, "et comme c'est Noël, nous passerons outre l'erreur. Auguste, veillez à ce qu'ils ne rayent pas les boiseries."

"Hourra!" s'écria joyeusement Selma. "Ça s'en va. La Monstruosité est en train d'être enlevée. J'espère que celui qui l'obtiendra appréciera ses mérites plus que nous."

"Laissez-moi sortir ! Laissez-moi sortir !" s'écria M. Mickleworth, mais à ce moment-là, tous les invités bavardaient plus fort que jamais.

Le docteur Van Cott et les deux demoiselles Mapes se donnèrent la main et dansèrent comme le roi David devant l'Arche. M. Bertram Pease, au piano, commença à jouer le premier morceau qui lui vint à l'esprit, qui était par hasard la Marche nuptiale. Les autres applaudirent et applaudirent.

"Laisse moi sortir!" » cria M. Mickleworth pour la dernière fois depuis sa prison, mais un tablier huileux était maintenant serré contre le trou, et il entendit l'observation murmurée :

"Dis, Frenchy, tu as dû jeter le chat par erreur."

Il se sentait soulevé, secoué, basculé ; il sentit le froid de l'air nocturne alors qu'il trouvait accès à travers la fissure. Il s'est rendu compte qu'on le poussait les pieds en avant dans une camionnette et qu'on le conduisait rapidement, il ne savait où.

"Et maintenant", a déclaré M. Sellars, "je pense que nous ferions mieux de chercher M. Mickleworth."

"Commençons par le garde-manger du majordome", suggéra la cousine Laura Fanshaw, pas assez fort pour que quelqu'un d'autre puisse l'entendre.

La fête de Noël cherchait haut et bas ; ils pénétrèrent jusqu'aux étages supérieurs, et ce n'est que lorsque Selma eut chanté "In the Gloaming" devant chaque porte de placard qu'ils abandonnèrent la quête.

"C'est très mystérieux", a affirmé l'animateur.

« C'est pire », le corrigea sa femme ; "C'est très mal élevé."

"Oh, nous devons regarder encore", s'écria Selma, maintenant en véritable détresse; "Il est peut-être allongé quelque part, faible et malade."

"Absurdité!" » rejoignit Mme Pease. "Laissez-le tranquille, et, ma parole, il fera son apparition dans peu de temps avec un air assez idiot. Lemuel, un verre d'eau, s'il vous plaît."

Tandis que la bonne dame se laissait tomber épuisée sur une chaise, son dévoué gendre se précipitait vers la salle à manger pour subvenir à ses besoins.

"Le pichet à glace n'est pas là", dit-il en revenant. "Je vais sonner."

"Mais il faut que le pichet soit à sa place habituelle sur le buffet avec les autres argenteries", protesta sa femme.

"Mais ce n'est quand même pas le cas", a-t-il insisté. "Il n'y a rien sur le buffet, rien. Venez voir par vous-même."

Cela donna lieu à l'aphorisme ludique concernant l'incapacité de l'homme à voir au-delà de son nez, mais bientôt un cri de Mme Livermore confirma la déclaration de son mari.

"Mon lanceur !" s'écria-t-elle pitoyablement. "Mes plats d'argent ! Mon épergne ! Où sont-ils passés ? Où est Auguste ?"

"Auguste", dit Mary Anne qui, sentant l'excitation, montait maintenant en courant les escaliers de la cuisine, "est parti aussi. Il est parti avec le canapé dans la camionnette."

"Avec le canapé ?"

"Oui, madame, assis dessus."

"Volé!" s'écria M. Livermore avec un éclair de conviction, et toute la compagnie répéta d'un ton sourd :

"Volé!"

Mais l'éclair de M. Livermore, à la manière de tels fluides, ne se contenta pas de marquer une seule cible.

"C'était une profonde conspiration", poursuivit-il, devenant clairvoyant, "et dix contre un que le jeune homme Mickleworth était dans le complot."

"Tu ne diras pas des choses aussi horribles sur lui, papa", s'écria Selma.

"Un voleur!" » a persisté M. Livermore, sans tenir compte d'elle. "Un méchant déguisé ! Je ne crois pas que cet imposteur ait jamais été le vieux copain du cousin Dick."

"Oh, papa," l'interrompit Selma en tremblant ; "Dick lui-même m'a présenté M. Mickleworth à Southampton l'été dernier. Je ne vous en ai pas parlé jusqu'à ce que vous puissiez le connaître et voir à quel point il est gentil."

"Bon?" haleta sa mère. "Bon?"

"Oui, maman", cria Selma en sanglotant, mais toujours intrépide ; "terriblement gentil, et il peut écrire les petites notes les plus respectueuses."

"Remarques?" cria sa mère. "Selma, tu es restée là et tu m'as dit que tu avais correspondu avec un cambrioleur ? Oh, j'aurais dû vivre assez longtemps pour voir ce jour !"

Miss McCunn, très troublée, s'était retirée dans le fumoir, où M. Bertram Pease faisait tout ce qu'il pouvait pour la réconforter. Le docteur Van Cott, dans l'escalier, avait mis un bras impartial autour de chacune des demoiselles Mapes. La cousine Laura Fanshaw, derrière un paravent, pleurait abondamment sur le revers gauche de M. Sellars.

"Dans ma jeunesse", a déclaré Mme Pease, "nous surveillions de plus près nos enfants et notre argenterie."

"Mère", s'écria Mme Livermore, "n'aggravez pas les choses en étant aggravant. La pauvre Selma souffre assez."

"Je ne souffre pas du tout", protesta vigoureusement Selma. "Ma foi en George reste inébranlable."

"George!" éjacula sa mère. "Lemuel, tu entends ?"

"Oui," répondit M. Livermore, "et je m'occuperai du cas de George dès que je pourrai joindre Mulberry Street au téléphone."

"Arrêt!" s'écria sa femme ; "Nous devons éviter un scandale."

La sonnette, qui avait pris une part si active à cette soirée mouvementée, sonna à nouveau. Un silence s'ensuivit, tandis que l'on vit la forme de Bates traverser la salle. Puis, presque avec sa dignité habituelle, quoique un peu pâle et humide de la tête, il réapparut.

"M. Mickleworth!" il a annoncé.

"Je le savais!" » Cria Selma, avec jubilation.

Et M. Mickleworth était, en vérité, bien que très échevelé quant à sa tenue vestimentaire. Une traînée de boue gisait sur le devant de sa chemise froissée et son manteau du soir suggérait un combat actif. À chaque épaule était accroché un sac à nez, comme celui que les équipiers utilisent pour nourrir les chevaux dans la rue, et chaque sac était rempli d'objets de famille en argent inestimables. Derrière lui venait un fidèle serviteur de la loi, portant le pichet à glace familial sur un énorme plateau.

"Ah, ah !" s'écria M. Livermore avec complaisance. "Alors, ho ! "Attrapé avec les marchandises", comme vous dites officiellement. Vous avez bien fait, officier, et le travail de cette nuit ne restera pas sans récompense."

"Ce n'était pas moi", protesta le policier de manière agrammaticale ; "Ce jeune homme a tout fait lui-même."

"Cela, nous le savons déjà", a déclaré Mme Livermore.

"Tais-toi, mon enfant, jusqu'à ce que nous entendions l'histoire", dit Mme Pease, qui s'opposait habituellement aux méthodes de sa fille.

Et le policier a raconté son histoire.

" Ce jeune homme, " dit-il avec une ferveur généreuse, " doit être un vrai Herculanum. Il a fait sauter la serrure et arrêté la camionnette et a renversé deux des voleurs à temps. Quand je suis arrivé, il a pris le Français à la gorge. , le roulant dans la boue. Tout ce que j'avais à faire était d'appeler la patrouille et de l'aider à vous rapporter les affaires pour que vous les reconnaissiez.

"Ahem!" dit M. Livermore. "Ahem ! Ahem !"

"Papa", s'écria Selma, tandis que des larmes de triomphe rendaient ses yeux plus brillants, "tu ne vas pas serrer la main de George ?"

Et là-dessus, M. Livermore serra assez cordialement la main de George.

"Papa," dit Selma, "ne veux-tu pas dire à George que sa part dans le travail de cette nuit ne restera pas sans récompense ?"

"Oh, dites-le-lui vous-même", s'écria la vieille Mme Pease avec impatience.

Dans le salon, M. Bertram Pease jouait la marche nuptiale.

LA PRÊTRESSE D'AMEN RA

Dans la lumière froide de la haute fenêtre du studio, le visage de Frank Morewood semblait presque hagard, et certainement la main droite qui tenait le petit carré de papier photographique tremblait perceptiblement. Sa main gauche retenait toujours son gant, bien qu'il ait été l'hôte de George Dunbarton pendant une bonne demi-heure ; son chapeau était repoussé sur la tête, sa canne sous le bras, comme s'il avait tout oublié sauf le négatif qu'il avait sous les yeux.

"Dunbarton," demanda-t-il, avec un effort évident d'insouciance, "est-ce un tour idiot que tu me joues ?"

L'autre, ouvertement impatient, haussa les épaules sous la veste de peintre en velours et fit un pas vers le cabinet frison sur lequel était posée une boîte de cigarettes.

« Un truc, en effet ! » répéta-t-il à travers l'allumette enflammée. "Vous devez penser que j'ai très peu de choses en tête !" Puis, sous l'influence inspirante du Melachrino, son juste ressentiment face à l'accusation s'exprima avec plus de véhémence. "Vous m'abordez comme un homme sauvage ; vous insistez pour que j'arrête mon travail sérieux pour développer votre misérable petit film ; vous observez chaque étape du processus avec la suspicion la plus peu flatteuse, et maintenant, par Jupiter, vous n'êtes plus satisfait!"

"Dunbarton," répondit calmement Morewood, tenant l'empreinte au-dessus de sa tête, "vous ne pouvez pas réaliser ce que cela peut signifier pour moi ; la chose est trop étrange, trop bizarre."

Dunbarton souffla pensivement un rond de fumée vers le plafond. "Ces clichés amateurs sont généralement un peu bizarres", a-t-il admis, "ils rendent rarement justice au sujet, surtout aux yeux d'une ardente admiration. Mieux vaut garder votre trésor caché, mon vieux, si vous ne le souhaitez pas. disparaître complètement. Ce n'est pas corrigé, vous savez ; c'est juste un point négatif.

"C'est la chose la plus positive qui soit jamais venue au monde", affirmait son visiteur ; "le plus vrai, le plus merveilleux."

"Et vingt autres jolis visages aussi pour toi, mon cher garçon", insista le confident. "Chaque merveille dure généralement environ un mois."

"Ce miracle a duré trois mille ans et plus", rétorqua Morewood, regardant une fois de plus la photographie avec une crainte respectueuse.

« Un cas de réincarnation, je suppose ? suggéra l'autre avec légèreté, avec un coup d'œil à son chevalet négligé qui aurait pu être accepté comme un indice. "Vous m'excuserez si je barbouillis un peu sur le chef-d'œuvre tant que la lumière dure ?" il ajouta. " Vous y allez ; non ? Eh bien, je suis content que vous restiez. Des problèmes ? Oh, aucun du tout. Toujours heureux de rendre service à un ami. Bien sûr, si vous voulez suivre la photographie, vous devriez apprendre à faire ces petits choses pour vous-même. Et, en passant, procurez-vous un appareil photo décent au lieu d'un appareil photo de grand magasin Cheap Jack comme celui que tous les voyants new-yorkais ont mis en bandoulière. Sortez de la lumière, s'il vous plaît. Asseyez-vous, faites-le ! Décollez ton chapeau, prends une cigarette, installe-toi confortablement, tu es consterné ! »

" Merci, vieil homme, " répondit Morewood, " je ne fumerai pas ; et, quant au travail cet après-midi, j'ai l'intention de vous dire quelque chose qui vous fera oublier toute autre pensée pendant un moment. Je veux vous dire "C'est actuellement la chose la plus merveilleuse qui soit jamais arrivée au monde."

"Super Scott !" l'artiste gémit ; "Est-ce si grave que ça ? S'il te plaît, garde ton bâton un peu plus loin de ma toile, si cela ne te dérange pas."

"C'est une assez longue histoire", a admis Morewood en se débarrassant de la canne.

"La plupart des vôtres le sont !" intervint son ami.

Déjà les ombres commençaient à envahir le spacieux atelier du peintre ; se cachant dans les plis des tapisseries flamandes et des étoffes orientales, et remplissant les coins éloignés où le reflet des bras et des arabesques d'acier et de cuivre suggérait les yeux scintillants d'auditeurs espiègles et surnaturels. S'il y a un temps pour tout, le crépuscule est la saison des contes, et le peintre éprouvait bien moins de réticence que de lâcheté lorsqu'il se résignait à écouter. Se jetant sur un divan et joignant les mains autour d'un genou surélevé, il dit : « Commencez votre fil, mon vieux, je suis tout à votre attention.

Morewood ôta son chapeau, monta sur une chaise et posa ses deux coudes sur son dos.

" Dunbarton, " remarqua-t-il en guise d'introduction, " je suppose que vous n'avez jamais autant entendu parler du collège d'Amen Ra ? "

"Jamais dans ma vie!" » avoua franchement l'autre. "Où sous le soleil peut se trouver le collège d'Amen Ra ?"

"Plus nulle part sous le soleil", répondit Morewood, "mais c'était à Thèbes environ seize cents ans avant Jésus-Christ, autant que je m'en souvienne."

"C'est assez proche", acquiesça amicalement Dunbarton. "Nous ne laisserons pas un siècle ou deux retarder un récit qui doit comprendre trois mille ans."

"Ne tirez pas de conclusions trop hâtives !" protesta Morewood. "L'histoire telle que je la connais ne remonte pas plus loin qu'au début des années soixante, lorsqu'un groupe de cinq amis de Philadelphie———"

"Quakers ?" demanda le peintre.

"Je ne sais pas !" répondit l'autre, non sans une pointe d'irritation. "Cinq connaissances, hommes cultivés et riches, qui au cours de leur voyage remontèrent le Nil jusqu'à la première cataracte. A Louxor ils se reposèrent une semaine, en vue de visiter le site de la grande ville de Thèbes, et surtout son temple merveilleux et mystique d'Amen Ra, sans égal sur terre pour la sublimité de sa magnificence en ruine———"

"Pour plus de détails, voir Baedeker !" Dunbarton est materné.

« Le soir de leur arrivée, continua le narrateur sans tenir compte de l'interruption, une fête fut donnée en leur honneur par le consul Mustapha Aga. C'était au milieu de cette fête et au cours d'une danse des filles Gaivasi de Louxor, qu'un étrange nomade du désert faisait son apparition à l'improviste. Le Cheikh Ben Ali, s'appelait-il, et sa mission était d'informer Mustapha Aga de la découverte, près d'une certaine oasis, d'un objet d'un intérêt insolite, rien de moins que une momie d'une beauté inégalée qui contenait autrefois le corps d'une grande prêtresse d'Amen Ra.

"Attendez!" Dunbarton l'interrompit, abandonnant son genou. "Votre couleur locale est si intense que je me sens en danger de m'y intéresser."

"Attendez juste que j'arrive un peu plus loin", répondit Morewood avec une touche de triomphe; "J'aimerais seulement que vous puissiez entendre l'histoire telle qu'elle m'a été racontée."

"Par qui, si l'on peut demander ?" » s'enquit Dunbarton, et son ami répondit de manière impressionnante :

« Par un homme vénérable que j'ai rencontré par hasard en fin d'après-midi dans la salle égyptienne du Metropolitan Museum – un vieil homme étrange, mal habillé, mais qui avait visiblement connu des jours meilleurs, car il avait beaucoup voyagé en Orient et savait bien le pays."

"Je reconnais le type", commenta Dunbarton, "et il ne fait aucun doute que votre éminent ami a finalement été convaincu d'accepter un prêt insignifiant..."

"Cela n'a rien à voir avec l'histoire", a rétorqué Morewood. "Jusqu'où suis-je allé ?"

"Vous étiez à Louxor, aux derniers rapports", a suggéré l'autre, "assistant à un petit bal informel des dames Gaivasi."

"Oui, oui", s'écria Morewood en reprenant son fil. "C'était en effet une scène destinée à captiver l'imagination du voyageur."

"Peu importe la scène !"

"Je n'en ai pas l'intention. Escortés par Mustapha Aga et sa garde, ils quittèrent les festivités et suivirent le mystérieux cheik dans le désert jusqu'à un bosquet de palmiers où, baignée par le clair de lune égyptien, gisait la merveilleuse momie- cas."

"Qu'est devenue la momie ?" » demanda Dunbarton.

"Faire taire!" Murmura Morewood avec révérence. "Écoutez l'histoire. La vitrine, bien que entièrement décorée avec une habileté surpassée, était surtout remarquable par l'extrême beauté du visage de femme représenté sur son extrémité supérieure, dans des couleurs qui avaient défié les ravages du temps."

"Je connais l'enfant!" » intervint le peintre. « Nez plat, bouche large, deux yeux fixes, qui pourraient être soit à droite, soit à gauche.

"L'art de cette période était, comme nous le savons, conventionnel", répondit Morewood, "et c'est ce fait même qui rendait ce tableau particulier si remarquable, car il était réaliste, vif ; il transmettait, en effet, une impression distincte de personnalité. ".

"Oh, incroyable !" » murmura Dunbarton.

"La chose la plus étonnante du monde, comme vous l'admettrez vous-même tout à l'heure", continua le conteur. « Vous pouvez croire que les voyageurs étaient ravis d'être les premiers étrangers à qui le trésor avait été montré. Ils n'étaient pas seulement des hommes talentueux et cultivés, mais chacun était largement capable de payer le prix très modéré exigé par le cheik, et ils ont perdu. pas le temps de conclure le marché. Pour éviter les conflits, ils ont tiré au sort entre eux pour le privilège de devenir propriétaire de l'affaire de la momie.

Ici, le narrateur fit une pause efficace et Dunbarton en profita pour allumer une autre cigarette.

« Au début, poursuivit Morewood, la chance semblait favoriser l'aîné du groupe, qui m'était simplement désigné sous le nom de M. X., bien que je soupçonnais fortement qu'il n'était autre que mon ancienne connaissance du Musée. Mais il était d'un caractère généreux, et, touché par la vive déception d'un autre membre du parti, il renonça à ses droits en faveur du deuxième numéro le plus élevé, après une possession d'à peine trente secondes. M. P.

devint aussitôt le seul possesseur. Je n'ai pas besoin de raconter maintenant les circonstances qui ont conduit, au cours de quelques mois, au transfert de la propriété à chacun tour à tour des membres restants de la société, M. G. et M. Q. Mais ici "Le mystère commence."

Une autre pause dramatique et la voix de l'orateur devient plus grave.

"Au cours de l'année, P. a perdu la vie par l'explosion d'un morceau de chasse sans cause visible; G. a disparu alors qu'il se baignait dans le Nil à proximité d'un bassin aux crocodiles , et Q., après une période de captivité parmi des Arabes hostiles, est mort d'une morsure de serpent. Monsieur son mécontentement de la manière la plus convaincante.

"Qui diable était-elle ?" » demanda Dunbarton.

"Eh bien, la maman, comme j'aurais dû te le dire."

"Mais vous ne l'avez pas fait", remarqua le peintre. « Et pourquoi pensez-vous qu'elle était mécontente ?

"Parce que," répondit l'autre avec conviction, "elle avait été habituée dans sa vie à la vénération, au culte, à l'amour, et bien sûr elle n'aimait pas qu'on déplace son cercueil d'un endroit à l'autre."

"Je vois", admit gravement Dunbarton, mais avec le soupçon d'un bâillement réprimé. « Qu'est-il arrivé au cercueil ?

"Il avait été expédié entre-temps à Germantown comme cadeau à la tante du dernier propriétaire, une dame à la réputation jusqu'ici sans tache, qui a presque immédiatement pris l'habitude de cocaïne."

"Quoi ? La cocaïne dans les années soixante ?" s'écria captivement le peintre.

"Peut-être que c'était de l'opium", a admis Morewood. "En tout cas, elle s'est lancée dans quelque chose de pernicieux, a perdu tout ce qu'elle possédait et a finalement vendu la précieuse relique à une Mme Meiswinkle, de Tuckahoe, qui lui a donné une place bien en vue dans sa salle baronniale."

"Qui a rapidement brûlé sans assurance", a ajouté Dunbarton au hasard.

"En fait, cela ne s'est pas produit", répondit Morewood avec entrain. "Mais à partir de ce jour, malheur après malheur s'abattit sur la famille : troubles, déceptions, pertes. J'ai tous les détails, si vous voulez les entendre."

Dunbarton fit un grand geste de négation, et son ami reprit : « Il se trouve que cette Mme Meiswinkle, qui était une sorte d'amatrice en occultisme, reçut un jour la visite d'un adepte réputé en théosophie. Venant du Thibet et par conséquent très sensible, il venait à peine de mettre les pieds dans la maison qu'il annonçait la présence d'une influence sinistre. « Il y a quelque chose ici, s'écria-t-il, qui irradie simplement le malheur. »

"Une perspicacité extraordinaire!" » murmura Dunbarton, ayant eu raison du bâillement.

"Bien sûr", poursuivit Morewood, "il n'a pas fallu longtemps à un expert pour identifier le cas de la momie, et bien sûr, un poids de preuves pour soutenir l'affirmation de l'adepte n'a pas tardé à s'accumuler. Tous les malheurs qui sont arrivés à ses récents propriétaires ont été rapidement retracés d'une manière directe jusqu'à la possession du mystérieux cercueil, et en fin de compte, Mme Meiswinkle n'a pas eu besoin de beaucoup de persuasion pour se débarrasser de la chose pour toujours.

"Comment?" » demanda Dunbarton.

"Elle en a fait cadeau à la ville de New York."

« Femme noble ! s'écria le peintre. "Ce simple acte de patriotisme peut expliquer beaucoup !"

C'était une remarque frivole, mais plus d'une fois Morewood avait remarqué que son compagnon jetait un coup d'œil par-dessus son épaule lorsqu'une brise provenant des fenêtres ouvertes remuait quelques draperies, bien que le studio soit encore bien éclairé par un coucher de soleil doré. Les manières du conteur auraient rendu nerveux un stoïque. Ses muscles se contractaient, ses yeux s'étaient éclairés et son attitude était celle de quelqu'un déterminé à se débarrasser du fardeau d'un puissant secret.

« Dunbarton, » dit-il solennellement, « cette mallette à momie se trouve en ce moment dans le coin chic de la première pièce égyptienne, numérotée 22 542 dans le catalogue, qui dit : « Couvercle d'un cercueil égyptien, découvert à Thèbes », et le nom du donateur ; rien de plus. Aucun mot pour dire que cette pauvre coquille de papier mâché contenait autrefois le corps mortel d'une prêtresse d'Amen Ra ; aucune trace de sa beauté surpassée, sauf les traits dont vous vous moquez, les peintres, et les dessins mal dessinés. les mains croisées sur sa poitrine. Elle est partie, elle est oubliée, elle qui fut la plus belle des œuvres de la nature !

"Frank", a déclaré Dunbarton, "est-ce que votre histoire a quelque chose à voir avec votre film Kodak ?"

"Oui tout!" » Déclara Morewood, parlant rapidement. "Écoutez. Aujourd'hui, j'ai introduit clandestinement mon appareil photo au Musée et je me suis tenu devant la mallette de la momie sans être détecté. Mais à peine avais-je appuyé sur le bouton que j'ai été arrêté par un fonctionnaire, qui a confisqué l'appareil et l'a emmené au dépôt des colis. Je n'ai pas perdu de temps pour trouver le directeur, j'ai donné mon nom et le vôtre pour ma respectabilité et, après quelques retards et formalités administratives, j'ai récupéré ma propriété.

"Vous avez eu de la chance", commentèrent froidement les autres. "Les règles sont très strictes. Eh bien ? C'est la fin ?"

"Non!" s'écria Morewood, ce n'est qu'un début, comme je le crois fermement. Je vais maintenant vous raconter un fait extraordinaire, que j'ai jusqu'ici volontairement caché. Dunbarton soupira.

"Je vais vous surprendre", poursuivit Morewood. "Alors que le cercueil était encore en possession de Mme Meiswinkle, elle, agissant sous la direction du théosophe, a fait venir un expert et a fait prendre une photographie du couvercle, avec toutes les garanties possibles contre la tromperie ou l'erreur."

Il parlait avec une délibération tremblante ; maintenant il se relevait, et ses yeux, fixés sur le mur au-dessus de la tête de son auditeur, semblaient regarder au-delà de ses limites.

"George, je n'aurais pas dû vous dire cela si je n'avais pas eu la preuve de sa véracité, que même un moqueur comme vous peut difficilement mettre en doute. Lorsque la plaque a été développée, ce ne sont pas les traits peints du boîtier de la momie qui ressortaient du négatif, mais... le visage d'une femme vivante ! Le visage de la prêtresse d'Amen Ra, inchangé depuis trois mille ans, et *vivante* !

"Cela a dû les choquer !" Dunbarton commenta de manière irrévérencieuse. "Ça se passait plutôt bien, même pour le Tibet." Mais sa cigarette tomba par terre sans qu'on s'en rende compte.

"Et remarquez-moi, George", dit Morewood très gravement, "c'était le même visage, je n'en ai pas le moindre doute, que vous et moi avons vu aujourd'hui apparaître devant nous, le même visage étrange et merveilleusement beau que je tiens maintenant dans ma main.

"Par jupiter!" » s'écria Dunbarton, immédiatement conscient de la signification obscure de cette déclaration. "Mais tu ne peux pas vraiment croire———"

«Je ne crois rien que je n'ai vu», a affirmé Morewood. "Rien que vous n'ayez vu vous-même. Moi aussi, j'étais incrédule au début; je riais de l'histoire de la photographie comme du produit d'un cerveau désordonné; mais elle s'est emparée de moi, m'a hantée nuit et jour, jusqu'à ce que je décide pour me prouver sa folle impossibilité. J'ai acheté un appareil photo, je l'ai apporté au Musée, comme je vous l'ai dit, et je suis venu directement ici avec le résultat.

Vous avez développé vous-même le film; vous avez vu le visage apparaître; si vous pouvez me suggérer quelque chose "Autre explication du mystère, au nom du Ciel, discutons-en raisonnablement."

"Laissez-moi regarder à nouveau le film de verre", suggéra Dunbarton, à voix basse. Il ramassa la cigarette fumante et, venant à côté de son ami, regarda longuement et gravement le film de verre. Les deux hommes restèrent silencieux pendant un moment, si silencieux qu'ils pouvaient entendre battre leur propre cœur.

« Elle est vraiment belle », dit enfin le peintre. « A nos yeux, elle semble avoir environ vingt ans, bien que les femmes orientales atteignent tôt la perfection. Ce diadème sur son front est, je pense, la couronne à deux cornes d'Isis. Les draperies qui tombent de chaque côté sont certainement égyptiennes et probablement d'origine égyptienne . période antérieure aux Pharaons, mais le type de trait n'est guère oriental.

"Pourtant, Cléopâtre était blonde", suggéra Morewood.

"C'est vrai", approuva l'autre, "et peut-être que la race d'il y a trois mille ans différait sensiblement des personnalités dégénérées ressemblant à des Sphinx des hiéroglyphes. Nous devons demander à Biggins du Smithsonian de nous donner son opinion."

"Jamais!" s'écria Morewood en enfonçant le négatif dans sa poitrine.

"Mais dans l'intérêt de la science..." protesta Dunbarton.

"Science?" Morewood revint avec mépris ; "Qu'est-ce que la science a à voir là-dedans ? De quel droit ai-je trahi la confiance d'une dame ?"

Dunbarton fit un signe d'impatience. "Votre dame est morte depuis trois mille ans ou plus", remarqua-t-il.

"Ce n'est pas vrai!" contredit l'autre chaleureusement. "Je te le dis, mec, cette femme est vivante aujourd'hui. Ne me demande pas d'expliquer l'inexplicable. Je sais simplement qu'elle vit, aussi jeune et innocente que chaque trait de son visage le proclame. Pendant des années, pendant des siècles, peut-être , elle a essayé de se faire connaître auprès de ces brutes stupides qui ont été incapables de comprendre. Mais maintenant, grâce au ciel, elle m'a choisi pour faire sa volonté, quelle qu'elle soit, et je lui consacrerai ma vie !

Il devint très pâle en parlant, mais il y avait une joie ravie sur son visage.

"Voyez, vieil homme," remontra gentiment Dunbarton, avec une main sur son épaule, "vous êtes plutôt surmené en ce moment, et je ne vous en veux pas. Mais suivez le conseil d'un ami et ne vous laissez pas aller à une cuillère. fille tellement plus âgée qu'elle. Ça ne se passe jamais bien.

"C'est mon affaire !" » dit Morewood avec obstination.

"Bien sûr bien sûr!" Dunbarton acquiesça. "Elle est terriblement jolie, je l'admets, et sans aucun doute bien connectée ; mais, même si nous négligeons sa petite façon ludique de tuer les gens, pensez aux difficultés liées aux rencontres, et ce genre de choses."

"Je suis prêt à tout lui laisser", a déclaré Morewood. "Une prêtresse d'Amen Ra doit avoir appris à ce moment-là tous les mystères de la vie et de la mort, et je suis convaincu qu'au moment et au lieu appropriés, je la rencontrerai face à face."

"Mon vieux," prononça Dunbarton avec conviction, "ce dont tu as besoin, c'est d'une bonne nuit de sommeil."

Mais Morewood ne répondit pas à cela, car le doux balancement d'un rideau oriental attira alors son attention. Il était suspendu devant la porte ouverte de l'atelier, et le mouvement pouvait provenir d'un souffle d'air. Mais immédiatement, cela s'est reproduit, et cette fois accompagné de la vision d'une main humaine, clairement à la recherche de quelque chose sur quoi rapper.

"Il y a quelqu'un là-bas", dit le peintre, dont les yeux avaient suivi ceux de l'autre, et il parla plus bas : "Peut-être un modèle en quête de travail." Puis il élève la voix dans un « Entrez ! » encourageant, le ton que les peintres emploient envers des modèles souvent jolis et parfois timides.

Morewood n'y prêta aucune attention ; il resta figé, regardant le rideau se balancer. Le bout de ses doigts picotait avec un étrange courant électrique et ses pouls battaient avec un espoir irraisonné. Alors Dunbarton dit, un peu plus fort :

"Entrez, s'il vous plaît, entrez."

"Je pense qu'il faut attraper le rideau", répondit une voix basse et mélodieuse à l'extérieur. Dunbarton fit trois pas à travers la pièce, saisit la draperie et, d'un seul mouvement du bras, l'écarta.

"Oh!" » cria-t-il en reculant, tandis que Morewood s'agrippait à la table pour se soutenir. Puis, se reprenant aussitôt, les deux hommes s'inclinèrent comme en présence d'une reine. Et bien, ils pourraient le faire.

Sur fond de rideau de velours vert avec ses broderies d'or mat, se tenait une dame toute en rouge coquelicot, couronnée d'une coiffe semblant faite des fleurs elles-mêmes. Ce n'était pas la robe d'aucune époque, car depuis le début des temps, des fleurs ont poussé pour que les femmes puissent les porter, et les deux spectateurs, étant masculins, savaient seulement qu'elle les portait, et ne se souciaient pas de savoir si elles avaient fleuri en Eden ou la rue de la Paix. Le temps était momentanément éliminé, négligé : les siècles s'écoulaient comme les gouttes de rosée d'une rose, car, par la grâce d'Isis et d'Osiris, ne s'inclinaient-ils pas devant l'inégalable prêtresse des rites d'Amen Ra ? C'était elle et personne d'autre – la maîtresse de l'affaire de la momie, le mystère du film Kodak ; la dame de Thèbes il y a trois mille ans.

Morewood passa la main sur son front et reprit son souffle ; Dunbarton fut le premier à retrouver le pouvoir de la parole.

« Madame, dit-il d'une voix un peu tremblante, vous me faites un bien trop grand honneur. Quelle est votre volonté ? Vous n'avez qu'à m'ordonner.

"J'ose faire valoir une priorité pour exécuter vos enchères", a déclaré Morewood en s'avançant rapidement.

La prêtresse d'Amen Ra essaya de contrôler un petit rire et échoua de manière envoûtante. "Je recherche un M. Dunbarton", a-t-elle expliqué.

Le peintre se redressa et s'inclina dignement. "J'ai la chance de porter ce nom", dit-il en faisant un pas de côté qui laissa son ami un peu en retrait.

"Oh, je suis tellement content!" s'écria la dame. "Alors peut-être pourriez-vous me dire où trouver un certain M. Morewood ?"

« Votre humble et dévoué serviteur ! » se prononça l'autre homme, exécutant une manœuvre qui éclipsa totalement Dunbarton.

"Vraiment?" demanda la dame, le visage rayonnant de plaisir. "Quelle chance !"

À cela, Morewood rayonnait de satisfaction, mais elle continua rapidement, dans une ondulation argentée de récit féminin :

« Savez-vous, M. Morewood, que vous avez quelque chose à moi et que j'ai quelque chose à vous ? Ce n'était pas ma faute et ce n'était pas la vôtre non plus ; c'était la personne stupide dans la salle des colis du Musée. Bien sûr, deux Kodak sont exactement pareils, si l'un d'eux n'a pas de nom gravé en bas avec une épingle ; mais je suppose qu'il n'a jamais pensé à regarder, alors il vous a donné le mien et moi le vôtre, et je devrais le faire. Je n'aurais jamais découvert qui vous étiez si vous n'aviez pas été arrêté. Bien sûr, cela n'aurait pas fait beaucoup de différence, après tout, si mon cousin Jack ne m'avait pas photographié dans un déguisement égyptien des plus ridicules.

Dunbarton poussa un gémissement d'agonie réprimée, et le visage de Morewood aurait pu être en couleur un fragment de la robe sacerdotale de Ra.

"Oh!" gémit le peintre, si seulement je pouvais hurler !

"Ne vous occupez pas de lui, s'il vous plaît!" argumenta l'autre homme. "Vous voyez, moi aussi, j'avais utilisé un film, et nous étions plutôt intéressés de voir comment il sortait."

"Oh, mais le tien est magnifique !" elle le rassura. "Mon cousin Jack l'a développé après le déjeuner. C'est ainsi que nous avons découvert l'erreur, et la voici. Nous avons décidé qu'il fallait avoir au moins soixante-quinze ans pour vouloir photographier une hideuse affaire de momie."

C'est alors que Dunbarton se ressaisit et reprit conscience des devoirs de l'hospitalité.

« Mille pardons ! » protesta-t-il, « de ne pas vous avoir proposé de siège. C'est un atelier de peintre, comme vous le voyez, et donc en quelque sorte un domaine public. Puis-je vous proposer une tasse de thé ? Il ne me faudra pas une minute pour téléphoner un chaperon. ".

La prêtresse était gracieusement heureuse de rire.

« J'aimerais du thé », dit-elle en jetant un regard approbateur sur la pièce inondée par le dernier d'un long coucher de soleil ; "Mais, si cela ne vous dérange pas, je déteste les chaperons. Vous voyez, je viens de l'Oklahoma."

Il y eut alors une hésitation instantanée :

« Mon ami M. Morewood, remarqua le peintre, vient de me raconter l'histoire la plus étrange du monde. Peut-être pourriez-vous l'inciter à la répéter pour vous.

Il eut un rire moqueur et se tourna pour s'occuper du service à thé en argent posé sur une table Adams, tandis que Morewood avançait une chaise basse pour la dame.

"Votre histoire est-elle romantique ?" » demanda-t-elle en réglant ses volants couleur coquelicot ; "Est-ce qu'il y a une héroïne ?"

"Oh, oui, en effet", répondit-il, n'incluant en aucun cas Dunbarton dans sa confidence. "Pas moins un personnage que la prêtresse d'Amen Ra."

Elle le regarda avec méfiance, tandis que la pire suggestion d'un rougissement envahissait sa joue.

"Y a-t-il quelque chose à propos de photographies dedans ?" » demanda-t-elle en le regardant avec défi.

"Oui", a-t-il répondu, "il y en a, beaucoup !"

"Alors je m'en fiche, car c'est certainement stupide", protesta-t-elle en faisant la moue.

« C'est vrai », lui dit-il franchement ; " et je ne vous l'infligerai pas maintenant. Mais un jour, quand nous nous connaîtrons mieux. "

"Nous partons pour Boston demain matin", l'interrompit-elle ; "Et de là, nous allons à Bar Harbor pour le rhume des foins de maman. Nous restons au Waldorf."

"Alors je rendrai la caméra ce soir", a déclaré Morewood.

"Si c'est le cas," dit-elle, "mon cousin Jack sera très heureux de parler photographie avec vous."

"Quel âge a ton cousin Jack ?" » demanda Morewood.

"Douze", répondit la dame avec juste l'ombre d'un sourire.

LA FILLE DE MERCURE UNE HISTOIRE D'AMOUR INTERPLANÉTAIRE

Il s'agit de l'interprétation de certains vibragraphes phoniques enregistrés par l'installation sans fil de Long's Peak, maintenant rendus publics pour la première fois grâce à la courtoisie du professeur Caducious, Ph. D., ancien secrétaire de la branche Boulder de l'association pour l'avancement de la communication interplanétaire.

Il est évident que les logogrammes suivants font partie d'une correspondance entre une jeune dame, autrefois de Mercure, et son ami de confiance résidant toujours sur la planète inférieure. Le traducteur a pensé qu'il était préférable de préserver autant que possible l'esprit de l'original en employant des expressions familières banales ; le résultat, malgré de nombreuses futilités regrettables, intéressera, pense-t-on, les étudiants en sociologie cosmique.

LA FILLE DE MERCURE

LE PREMIER ENREGISTREMENT

Oui, chérie, c'est moi. Je suis ici sur Terre et dans notre Settlement House, sain et sauf. J'avais l'intention de vous appeler avant, mais en réalité c'est le premier moment que j'ai pour moi toute la journée. — Oui, bien sûr, j'ai dit « toute la journée ». Vous savez très bien qu'ils ont des jours et des nuits ici, parce que cette petite planète agitée tourne, ou quelque chose comme ça. — Je n'ai pas la moindre idée de pourquoi elle fait ainsi, et je m'en fiche. — Je ne suis pas venu ici pour faire des observations intelligentes comme un touriste ringard « voyant Saturne ». Alors ne soyez pas uranien. Essayez de faire preuve de perception intuitive si je dis quelque chose que vous ne pouvez pas comprendre. — Qu'est-ce que c'est ? — S'il vous plaît, concentrez-vous un peu plus fort. — Oh ! Oui, j'ai déjà vu beaucoup d'êtres humains, et le croiriez-vous ? certaines d'entre elles semblent presque possibles, notamment *une* . Mais j'y reviendrai plus tard. J'ai tellement de choses à vous dire d'un coup que je sais à peine par où commencer. — Oui, ma chère, il se trouve que l'Un est un homme. Vous ne voudriez pas que je fasse preuve de discrimination, n'est-ce pas, alors que notre objectif est d'apporter le plus de bonheur possible à ceux qui sont moins fortunés que nous ? Vous savez que le succès dans les bidonvilles dépend avant tout de votre admiration, car alors les autres voudront être comme vous, et une fois complètement insatisfaits d'eux-mêmes, ils seront presque certains de se réformer. Bien sûr, je ne suis qu'un visiteur ici et je ne le ferai pas. rester assez longtemps pour entreprendre un travail sérieux, alors Ooma dit que je ferais aussi bien de suivre la ligne de la moindre résistance. Si vous vous souvenez de l'enthousiasme d'Ooma lorsqu'elle dirigeait le Conseil des missions sur les planètes inférieures, vous pouvez l'imaginer maintenant qu'elle a un occasion de mettre en pratique toutes ses théories. Oh, elle est géniale !

Ma transmigration a été décevante comme expérience. Ce n'était rien d'autre que de s'endormir et de rêver à des cercles – des cercles oranges, des cercles jaunes, avec mille autres nuances graduées entre eux, et ainsi de suite à travers le spectre jusqu'à ce que vous passiez au vert absolu et obteniez un ton ou deux vers le bleu et atteigniez le Note de couleur terre. Puis, avec moi, tout s'est mélangé et a semblé sur le point de prendre de nouvelles formes, et je me suis réveillé de la manière la plus banale et j'ai ouvert les yeux pour me retrouver extériorisé dans notre Maison de Règlement sur Terre avec Ooma se moquant de moi.

"Ne meurs pas!" elle a pleuré. "Ne levez pas le petit doigt tant que nous ne sommes pas sûrs que votre densité est correcte." Et puis elle m'a pincé pour voir si j'étais assez dense, parce que l'atmosphère est plus lourde ou plus légère ou quelque chose comme ça ici que chez nous.

Je lui ai rappelé que la matière doit partout maintenir un équilibre absolu avec son environnement, mais elle a protesté.

"C'est assez bien en théorie ; vous devez comprendre que la Terre est terriblement désaccordée à l'heure actuelle, et qu'il lui faut parfois du temps pour se réadapter à ses conditions."

— Je ne l'ai pas dit, mais j'imagine qu'Ooma était peut-être en train de se réadapter. — Ma chérie, elle est devenue aussi potelée qu'un Jupitan, et ses vêtements — mais elle ressemblait toujours plus à une nébuleuse spirale qu'autre chose.

(*Le récit ici devient inintelligible en raison du passage d'un orage au-dessus du sommet du Long's Peak.*)

— Il doit y avoir de la poussière d'étoiles dans l'éther. — Je n'ai jamais eu à me concentrer aussi fort auparavant. — C'est tout à propos de Settlement House, et ne m'accusez plus de négliger des détails. Je suis sûr que vous connaissez l'endroit maintenant aussi bien qu'Ooma elle-même, je peux donc continuer en vous racontant le peu que j'ai appris sur les êtres humains.

Il semble que je ne doive jamais admettre que je ne suis pas né sur Terre, car, comme toutes les provinces, les humains se targuent de ne pas croire tout ce qui dépasse leur propre expérience, et s'ils comprenaient, ils seraient certains d'en vouloir aux intrusions d'une autre planète. Je suis sûr que je ne leur en veux pas complètement quand je pense à ces Jupitans condescendants. Et on me dit qu'ils sont terriblement jaloux et même méfiants les uns envers les autres, se regroupant pour se protéger et gouvernés par tant de petits codes tribaux amusants que ce que l'on peut imaginer. qui a raison d'un côté d'une frontière imaginaire peut avoir tort de l'autre. — Ooma considère cette survie de l'âme-groupe comme la plus intéressante et a l'intention d'en faire le sujet d'un article. Je le mentionne uniquement pour expliquer pourquoi nous appelons notre colonie une pension. Une pension, il faut le savoir, est fondamentalement une meute de chasse à laquelle on peut s'affilier ou se séparer à volonté. — Une idée plutôt jaune pâle, n'est-ce pas ? Ooma pense qu'il est nécessaire de s'y conformer pour être considéré comme respectable, ce qui est la chose la plus désirée sur Terre. — Quoi, chérie ? — Oh, je ne sais pas plus que toi ce que signifie être respectable. —Encore une chose. Il va falloir faire appel à votre imagination ! Ooma s'appelle ici Mme Bloomer.—Son propre nom était juste un peu trop surnaturel. Mme signifie qu'une femme est mariée. — Quoi ? — Oh, non, non, non, rien de tout cela. — Mais je devrai laisser cela pour une autre fois. Je ne sais pas du tout comment ça se passe moi-même.

À propos, si *quelqu'un* vous demande où je suis, dites simplement que j'ai quitté la planète et que vous ne savez pas quand je reviendrai. — Oui, vous savez de qui je parle. — Et, ma chère, peut-être. vous pourriez laisser entendre que je déteste tous les étrangers, en particulier les Jupitans. — S'il vous plaît, ne riez pas si fort ; vous rendrez les molécules atmosphériques toutes étourdies. — En effet, il n'y a pas le moindre danger ici. Imaginez, s'il vous plaît, des êtres qui ne savent pas quand ils ont faim sans consulter un misérable petit mécanisme, et qui mesurent leur rayon de conception par la longueur de leurs propres pieds. — Bien sûr, je serai là pour le solstice. ! Cela ne me manquerait pas pour un astéroïde ! — Oh, est-ce que je l'ai vraiment promis ? Eh bien, je vous parlerai de lui une autre fois.

LE DEUXIÈME ENREGISTREMENT – MAIS PROBABLEMENT TROISIÈME COMMUNICATION

— Je ne dois vraiment pas gaspiller autant de matière grise, ma chère, pour des détails sans importance. Mais je devais simplement vous raconter mes difficultés avec les vêtements. Quand Ooma revint, alors que je les avais maîtrisés à l'aide de ses schémas, la chère chose était tellement contente qu'elle me serra effectivement dans ses bras, et je dois avouer que l'effet me fit oublier mon mal-être. En réalité, une fille terrienne n'est pas vraiment à plaindre si elle a des robes convenables à porter. Comme vous pouvez en être sûr, j'avais hâte de me comparer aux autres, j'étais assez heureux d'entendre Ooma suggérer de sortir.

"Allez," dit-elle d'un ton exécutif, "je n'ai qu'une demi-heure à consacrer à votre première promenade. Restez près de moi et n'oubliez sous aucun prétexte de danser ou de chanter."

"Mais si je vois d'autres danser, je ne peux pas les rejoindre ?" J'ai demandé.

"Vous ne verrez personne danser à Broadway", a-t-elle répondu, un peu snob, mais j'ai décidé de lui échapper le plus tôt possible et de le découvrir par moi-même.

Je n'oublierai jamais mon choc en découvrant le bleu du ciel au lieu de la couleur qu'il devrait être, mais bientôt mes yeux s'habituèrent au changement. En fait, depuis ce premier moment, je n'ai pas pu concevoir le ciel autrement que comme étant bleu. Et la ville ? — Oh, ma chère, ma chère, je ne m'attendais pas à rencontrer quelque chose d'aussi faux avec les euphonies essentielles. Bien sûr, je n'ai pas beaucoup voyagé, mais je dois dire qu'il n'y a rien dans l'univers comme une rue qu'on appelle Broadway – à moins que ce ne soit sur le petit satellite de Mars, où les pauvres gens sont terriblement à l'étroit. Quand j'ai suggéré cela à Ooma, elle a ri et m'a traité d'intelligent, car il semble qu'il existe une tradition selon laquelle une bande de Martiens intrusifs s'est arrêtée sur Terre assez longtemps pour donner aux humains insensés de fausses idées sur l'architecture et bien d'autres sujets. Mais j'ai vite oublié tout ce qui concernait mon intérêt pour le peuple. Ils sont tellement pauvres en énigmes. Le cœur leur va aussitôt alors qu'ils se poussent et se bousculent d'une manière ou d'une autre, sans autre objectif imaginable que d'arriver ailleurs que là où ils sont dans le plus bref délai possible. Un long chemin pour les aider ; mettre un terme à leurs luttes insensées ; les raisonner et leur expliquer comment toute la force psychique qu'ils pourraient gaspiller, si elle est exercée dans une pensée constructive, fait passer tout ce qu'ils souhaitent. Mme Bloomer m'assure qu'ils ne font que ridiculiser ceux qui osent intervenir, et qu'il faudra au moins un siècle de Saturne pour les mettre dans la bonne direction. Notre règlement est leur seul espoir, dit-elle, et même nous ne pouvons les aider qu'indirectement.

Il n'y a pas si longtemps, semble-t-il, ils ont dû choisir un roi ou un maire, ou quel que soit le nom de la créature qui exécute leurs stupides lois, et notre peuple a tellement manipulé les élections que le choix s'est porté sur l'un d'entre nous.

J'ai trouvé que c'était une très bonne idée et j'ai supposé, bien sûr, que nous avions dû immédiatement démontrer comment une planète devait être gérée. Mais non! ce n'était pas notre système, s'il vous plaît. Au lieu d'adopter des lois appropriées, notre agent s'est mal comporté de toutes les manières que le comité pouvait suggérer, jusqu'à ce qu'enfin les humains se soulèvent contre lui et mettent l'un d'entre eux à sa place, et après cela les choses se sont déroulées un peu mieux qu'avant. C'est la seule façon de les enseigner. Mais, mon cher, n'est-ce pas fastidieux ?

Bien sûr, j'ai vite eu envie d'échanger mes pensées avec presque tout le monde, mais il m'a fallu longtemps avant de découvrir une seule personne qui n'était pas pressée. Finalement, cependant, nous tombâmes sur un humain, un peu à l'écart de la foule, qui se tenait les bras croisés, apparemment engagé dans une haute méditation. Son visage était aimable, quoique un peu rouge.

Sans rien dire à Ooma de mon intention, je m'éloignai d'elle et, levant les yeux dans les yeux de la créature, je lui demandai mentalement le sujet de ses pensées ; aussi, comment il était devenu si anormalement gros et pourquoi il portait des boutons métalliques brillants sur son vêtement. Mais ma seule réponse fut un clignement stupide, car sa mentalité semblait absolument incapable de recevoir des suggestions qui ne s'exprimaient pas par des sons. J'ai observé en outre que son aura s'inclinait trop vers le violet pour un équilibre parfait.

"Sortez de là et arrêtez de faire ces bêtises", remarqua-t-il, ne comprenant absolument pas ce que je voulais dire.

Bien sûr, je parlai alors, utilisant le langage humain avec beaucoup de désinvolture pour un premier essai, et je m'empressai de l'assurer que, même si je n'avais aucune idée de tromperie, je ne continuerais pas tant que ma curiosité n'aurait pas été satisfaite. Mais c'est à ce moment-là qu'Ooma m'a trouvé.

"Mon ami est un étranger", expliqua-t-elle à l'homme aux boutons de cuivre.

"Alors pourquoi ne lui mets-tu pas une ficelle ?" Il a demandé.

J'ai appris plus tard que je m'adressais à l'un des bouffons publics employés par la communauté pour empêcher Broadway de devenir intolérablement ennuyeux.

"Mais vous n'êtes pas obligé de parler aux gens dans la rue", a déclaré Ooma, "pas même aux policiers".

"Alors comment puis-je égayer la vie des autres ?" Ai-je demandé, plus qu'un peu déçu, car plusieurs humains qui se précipitaient vers moi avaient tourné vers moi des regards indiquant des humeurs réceptives à tout l'éclaircissement que je pouvais donner.

J'aurais pu m'amuser indéfiniment, en étudiant la succession rapide de différents visages, si Bloomer ne m'avait pas conseillé de ne pas le regarder. Elle a dit qu'on me prendrait pour un paysan, ce qui est considéré comme déshonorant, et comme cela me rappelait que je n'avais encore rien vu pousser, j'ai demandé à ce qu'on me montre les jardins et les bosquets.

"Il y en a un", dit-elle en désignant un espace ouvert non loin de là où se trouvaient bien sûr des arbres misérables que je n'avais pas reconnus auparavant, oubliant que, bien sûr, les feuilles ici devaient être vertes. Je n'ai vu aucune fleur pousser, mais bientôt nous en avons rencontré dans une sorte d'écrin de cristal gardé par un puissant personnage noir. J'avais envie de lui demander comment il était devenu noir, mais le souvenir de ma dernière tentative d'information m'en dissuada. Au lieu de cela, j'ai demandé si je pouvais avoir des roses.

"Entrez, mademoiselle", répondit-il très poliment, et je franchis la porte, passant devant le plus doux petit embryon, qui portait la tenue d'un jeune policier.

"Garçon," dis-je, "as-tu commencé à réaliser ton âme ?"

"Non," répondit-il. "Je ne suis pas encore dans les fractions."

— une étape du progrès terrestre, je suppose, même si je n'aimais pas un certain mouvement de sa paupière, et on ne peut jamais dire, vous savez, à quel point les embryons s'efforcent réellement. Je me hâtai donc de rassembler toutes les roses que je pouvais porter, et j'étais sur le point de courir après Ooma, lorsqu'une personne me barra le passage.

"Attendez!" il pleure. "Tu n'as pas oublié quelque chose ? Pourquoi tu ne prends pas tout ?"

"Parce que j'ai tout ce que je veux pour le moment", répondis-je, plutôt effrayé, m'apercevant que son aura était devenue livide, et je ne sais pas comment j'aurais pu l'apaiser si Ooma n'était pas une fois de plus venu à mon soulagement. Je voyais qu'elle était en colère contre moi, mais elle se contrôla et plaça dans la main de l'être un jeton qui agissait sur son agitation comme un charme.

Comme je vous l'ai dit, Bloomer m'avait donné, avec le reste, une couronne de roses artificielles que, maintenant que j'avais de vraies fleurs à porter, je voulais la jeter, mais elle ne l'a pas permis, insistant sur le fait qu'une telle démarche rendrait les humains se moquent de moi — même si, à voir leurs visages sérieux, on ne croirait pas cela possible. Les pensées de ceux qui m'entouraient, telles que je les devinais, me semblaient tout sauf plaisantes. Elles me parvinrent incohérentes et inconsécutives, un fouillis de prémisses conditionnelles conduisant à des conclusions approximatives exprimées dans des symboles n'ayant aucune signification intrinsèque. — Bien sûr, il est injuste de juger trop tôt, mais j'ai déjà commencé à douter de l'existence d'une perception directe parmi les individus. eux. — Qu'avez-vous dit, ma chère ? — Toutes deux perception directe ? — Eh bien, je me demande comment *nous* aimerions comprendre rien qui ne puisse être mis en mots ? Vous auriez, j'en suis sûr, les idées les plus confuses sur les conditions terrestres si vous vous fiiez entièrement à mes remarques. — Maintenant, concentrez-vous, et vous entendrez quelque chose de vraiment intéressant.

— Non, pas encore l'Un. — Il vient plus tard. —

Nous n'étions pas allés loin, je portais mes roses, et Bloomer n'était pas très contente, comme je l'imaginais, parce que tant de gens se tournaient vers nous (Bloomer a rétrogradé physiquement jusqu'à devenir parfois presque uranienne, probablement à cause du port de ses roses). noir, qui apparaît comme l'équivalent chromatique de la respectabilité), quand soudain je suis devenu sensible à une influence familière, tout à fait initiale car si inattendue. En regardant partout, j'ai aperçu : qui pensez-vous ? Notre vieil ami Tuk.— M. Tuck, Tuck ici, s'il te plaît. Il était sur le point d'entrer dans un—un moyen de transport, et bien qu'il me tournât le dos, j'ai immédiatement reconnu son aura terne et j'ai projeté une impulsion réactionnaire qui a été des plus efficaces.

Dans sa surprise, il risquait pour le moment d'être piétiné par un animal qui se déplaçait rapidement. — Oui, mon cher, j'ai dit « animal ». — Je ne sais pas et je ne trouve pas cela important du tout. Je ne prétends pas être familier avec la zoologie ordinaire. — Tuck s'est déclaré ravi de me voir, et c'est ce que je crois qu'il l'était, bien qu'il contrôlait ses radiations avec la manière dédaigneuse qu'il avait toujours fait . Mais sur un point il ne me laissa pas longtemps dans le doute. Extérieurement, au moins, mon ego terrestre est un...

(NOTE : *Le mot qui désigne une espèce de pêche ou de nectarine particulière au La planète Mercure est sans aucun doute utilisée ici dans un sens symbolique.*)

— J'ai compris ce fait des plus intéressants au moment où ses yeux se sont posés sur moi.

"Par tout ce qui est juste à considérer !" » s'écria-t-il en sautant d'une manière que les humains trouvent excentrique, « êtes-vous astral ou actualisé ?

"Voyez par vous-même", dis-je en lui tendant la main, ce dont il lui fallut plus de temps que nécessaire pour s'en assurer.

"Eh bien, qu'est-ce qui vous amène ici ? Descendez pour peindre une autre planète en rouge ?" » continua-t-il, se croyant amusant.

"Maintenant, n'ai-je pas autant le droit d'éclairer la Terre que n'importe quel autre morceau de poussière cosmique ?" Ai-je demandé, riant et oubliant à quel point il avait besoin de snober pour le plaisir de revoir quelqu'un que je connaissais.

Puis il a insisté pour que j'aie un « rendez-vous » avec lui. – Un rendez-vous, comme je l'ai découvert plus tard, signifie quelque chose de bon à manger – et a laissé entendre de manière très générale que Bloomer n'avait pas besoin d'attendre si elle avait des affaires plus importantes à régler. Je dois avouer qu'elle ne parut pas du tout fâchée de m'avoir laissé tomber, car après m'avoir mis en garde contre un certain nombre de choses dont je ne connaissais même pas le nom, elle s'enfuit comme un vieil aérolithe respectable avec un fusil noir. une traînée qui coule derrière. Si elle reste ici plus longtemps, elle reviendra avec pour mission de *nous réformer* . Quant à Tuck, il devint immédiatement insupportablement condescendant.

"Eh bien, qu'aimez-vous la Planète Unique ? et la Ville Unique ? et la Rue Unique ?" il a commencé à agiter ses mains et à regarder autour de lui comme s'il y avait ici quelque chose que l'un de *nous* pouvait admirer. Mais, bien entendu, je refusais de le satisfaire de mes impressions grossières. J'ai simplement dit :

"Vous semblez vous-même très satisfait d'eux."

"Et vous le serez aussi", répondit-il, "quand vous aurez réalisé leurs possibilités. Remarquez cette entité âgée de l'autre côté de la rue. Je dois simplement exercer ma volonté pour qu'il éternue et laisse tomber ses lunettes, et voilà, les voilà. "—Oui, ma chérie, des lunettes. Ils sont portés sur le nez par des personnes qui s'imaginent qu'elles ne voient pas très bien.

"Je considère de telles actions comme cruelles et méchantes", dis-je, en invitant en même temps une jeune fille embryonnaire à ramasser les lunettes, et bien que l'enfant soit plutôt en dehors de mon cercle habituel, j'étais ravi de la voir obéir. Mais j'ai l'impression que Tuck a regretté une expérience qui m'a appris quelque chose que je n'aurais peut-être pas découvert, du moins pendant un moment.

Cela faisait maintenant plusieurs heures que j'étais sur Terre, et le changement d'atmosphère donne un appétit vorace. Vous voyez, j'avais oublié de demander à Ooma comment et à quelle fréquence les humains mangeaient, alors lorsque Tuck a suggéré le petit-déjeuner comme forme de divertissement, je me suis immédiatement mis en sympathie avec l'idée. En outre, il est très important de savoir exactement où trouver les choses que l'on cherche, et vous pouvez être sûr que j'ai pris beaucoup de notes mentales lorsque nous sommes arrivés, comme nous l'avons fait actuellement, à une tour appelée Astoria.

Je comprends que les parties supérieures de l'édifice sont utilisées pour l'étude des étoiles, mais nous avons été accueillis à l'étage inférieur par un être majestueux, qui nous a conduits vers des sièges honorables dans une cour intérieure. Il y avait ici de petits arbres, verts certes, mais plutôt jolis néanmoins ; les gens, rassemblés sous leur ombre en petits groupes, étaient beaucoup plus joyeux et solidaires que tous ceux que j'avais vus jusqu'à présent, et une intelligence élémentaire chargée de répondre à nos besoins semblait bien entraînée et docile.

"Ici, vous avez un aperçu de High Life", annonça Tuck après avoir écrit quelque chose sur un papier.

"La vie supérieure ?" J'ai demandé avec impatience, et je n'ai pas aimé le ton désinvolte avec lequel il a répondu :

"Non, pas tout à fait, juste assez haut."

Je commençais à être tellement ennuyé par sa suffisance et sa suffisance que j'ai jeté mes yeux autour de moi et j'ai souri à plusieurs personnes à l'air agréable, qui m'ont rendu le sourire et ont refusé d'une manière amicale, jusqu'à ce que je puisse percevoir l'aura de Tuck se hérisser et devenir verdâtre. -brun.

"Vous ne pouvez pas voir quelqu'un que vous connaissez ici", protesta-t-il d'un ton irrité.

"C'est une bonne raison pour que je recherche des affinités", rétorquai-je. Mais après cela, même si j'avais soin de garder les yeux baissés la plupart du temps, je résolus de venir un jour seul à l'Astoria et de sourire à tous ceux qui me plairaient. Je ne pense pas que je devrais jamais connaître un humain si Tuck pouvait faire ce qu'il voulait.

Bientôt, l'élémentaire nous apporta des choses délicieuses, et pendant que nous les mangions, Tuck parla de lui-même. Il paraît qu'il a produit ici un opéra qui est un succès. Les gens se pressent pour l'entendre et le considèrent comme un grand compositeur. Tout cela, vous pouvez le croire, m'a étonné – imaginez simplement notre Tuck se faisant passer pour un génie ! – mais peu de temps après, lorsqu'il s'est enthousiasmé par le thème et a fredonné une mesure ou deux, j'ai compris. Le misérable avait simplement actualisé quelques harmonies essentielles, et il l'avait très mal fait. Je vois maintenant pourquoi il aime tant être ici, et je comprends pourquoi ses associés sont presque entièrement humains. Je ne me souviens pas avoir jamais rencontré une telle tromperie et une telle effronterie auparavant. J'étais tellement indigné que je pouvais sentir mes doigts astraux trembler. Je ne pouvais pas supporter de le regarder, et comme à ce moment-là j'avais mangé tout ce que je pouvais, je me levai et sortis directement du tribunal sans ajouter un mot.

Je suis sûr qu'il m'aurait poursuivi si l'élémentaire, devinant mon désir de m'échapper, ne l'avait retenu de force.

De nouveau dans la rue, j'ai immédiatement hypnotisé une vieille dame, lui demandant de se rendre directement à la pension Bloomer pendant que je le suivais. Cela ne lui convenait peut-être pas, j'en ai peur, mais je ne connaissais aucun autre moyen de rentrer. — Mon Dieu, la lumière diminue et je dois être habillé pour la soirée. Au revoir ! — Au fait, j'ai oublié de vous raconter autre chose qui s'est passé — rappelez-le-moi la prochaine fois !

LE TROISIÈME DISQUE

— Oui, je m'en souviens, et vous en entendrez parler avant de décrire une soirée au Settlement, mais cela ne représente pas grand-chose. — Je vous ai dit à quel point Tuck était colérique et autoritaire à la tour Astoria, et de la manière mesquine avec laquelle il a restreint mes observations. Eh bien, de tous les gens présents dans le bosquet ce jour-là, il n'y en avait qu'un que je pouvais voir sans être critiqué, et il était assis tout seul et face à moi, juste derrière le dos de Tuck. Des feuilles vertes pendaient entre nous, et chaque fois que je bougeais la tête pour noter ce qu'il faisait, il bougeait aussi la sienne pour me regarder. Il semblait si seul que j'étais désolé pour lui, mais son atmosphère ne le montrait ni maussade ni uranien, et je ne pouvais pas m'en empêcher si j'étais juste un peu réactif. En outre, une fois abordé le sujet de son opéra, Tuck est devenu si absorbé et dominant qu'il fallait soit affirmer sa propre mentalité, soit devenir subjectif.

— Non, chérie, ce n'est pas la *seule* raison. Il existe peut-être une raison isolée, mais je n'en ai jamais rencontré : elles vont toujours en meute. J'avoue un sentiment d'intérêt pour l'étranger. Personne ne peut vous regarder avec des yeux ronds et bleus pendant une demi-heure sans exercer une certaine attirance, positive ou négative, et j'ai senti aussi qu'il essayait de me dire quelque chose qui aurait été bien plus intéressant que l'opéra de Tuck. , et je crois que si j'étais resté un peu plus longtemps, nous aurions pu nous comprendre entre les arbres, tout comme vous et moi pouvons nous comprendre à travers les intervalles de l'espace. Mais alors il est si facile de se tromper. — J'ai dû passer tout près de lui en sortant, et je ne suis pas sûr de n'avoir pas laissé tomber une rose.

— Il y en aura peut-être un peu plus sur l'Astorian, mais cela viendra à sa place. Maintenant, je dois passer à la soirée. Ce n'était pas vraiment une occasion, simplement le rassemblement habituel de notre foule, ou plutôt de ceux d'entre nous qui n'ont pas de mission particulière pour le moment, dans la grande salle du Conseil que je vous ai décrite. .

Le président actuel du Conseil de contrôle est Marlow, Marlow le Grand, comme on l'appelle, le peintre dont les tableaux ont tant contribué à élever les Patagoniens. — Non, ma chère, je n'ai jamais entendu parler de la Patagonie auparavant, mais je suis presque bien sûr, ce n'est pas une planète. — Avec Marlow est arrivée une Mme Mopes, qui s'est engagée à créer des écoles de fiction en écrivant des histoires sous différents noms, puis en les commentant dans ses sept propres magazines. Ensuite, prenant les invités au hasard, se trouvait Baxter, un personnage mortel dans son incarnation humaine, dont le rôle est de faire monter ou chuter les actions. Je ne sais pas ce que sont les actions, mais elles doivent être quelque chose de très facile à effrayer. .—Il y avait ensuite un M. Waller, surnommé le Révérend, à qui le Conseil permet parfois de dire la vérité, tandis que le reste du temps, il dit aux gens tout ce qu'ils veulent entendre pour gagner leur confiance. Et les deux Miss Dooley, qui chantent si mal que des milliers de personnes qui ne savent pas chanter du tout arrêtent complètement de chanter dès qu'elles les entendent une fois. Et M. Flick, qui se conduit mal lors des funérailles pour distraire les personnes en deuil de leur chagrin, et un M. O'Brien, dont le devoir est de se lancer dans des passions violentes dans les lieux publics juste pour montrer à quel point l'humeur est inconvenante.

Il y en avait bien d'autres, si nombreux que je ne peux pas commencer à les énumérer. Certains avaient écrit des livres et étaient connus sur toute la planète, et d'autres, qui n'étaient pas du tout connus, avaient fait des choses parce qu'il n'y avait personne d'autre pour les faire. Et certains étaient des chanteurs et d'autres des acteurs, et certains étaient riches et d'autres pauvres pour le monde extérieur, mais dans la salle du Conseil, ils se rencontraient et riaient, partageaient leurs expériences et faisaient des blagues ; depuis celui qui avait construit un cuirassé si terrible que tous les autres navires furent brûlés à condition que le sien le soit aussi, jusqu'aux aides ordinaires qui applaudissent des jeux stupides jusqu'à ce que les êtres humains intelligents soient complètement dégoûtés du mauvais art.

Dans le monde, bien sûr, ils sont tous assez sérieux et ne se connaissent souvent que par des signes secrets, tandis que chaque jour, chaque nuit et chaque minute, nos pauvres frères terrestres se rapprochent un peu plus de la lumière – poussés vers elle, attirés vers elle. , cajolés, trompés, intimidés et cajolés, et pensant tout ce temps à quel point ils sont immensément intelligents et quel merveilleux âge progressif et glorieux ils ont créé pour eux-mêmes. — En tout cas, c'est l'impression composite assez vague que j'ai reçue. des plans et des objectifs du conseil d'administration, et c'est sans aucun doute faux.

Je suppose qu'avec un peu de difficulté, j'aurais pu reconnaître presque tout le monde, mais l'envie m'a pris de suspendre mon intuition juste pour voir ce que ressentent les filles terriennes, et vous savez, quand on entend beaucoup de choses agréables, on ne se soucie pas beaucoup de savoir à qui il arrive. je les dirai.

J'imagine que Marlow a moins pensé à moi quand j'ai avoué que je suis ici seulement ; pour l'alouette, et ne se soucie vraiment pas d'un météore que la planète soit jamais élevée ou non. Mais c'est quand même un charmant vieux bonhomme, et le seul du groupe qui ne soit pas devenu le moins du monde maculé.

Marlow a annoncé que la soirée se déroulerait en harmonie avec les vibrations d'Orion, et nous a tous mis au travail pour entrer en contact. J'aime moi-même la lumière Orion, car aucune autre ne convient aussi bien à mon aura, et j'ai été heureux de constater qu'ils n'avaient pas adopté la mode Vega. — La lumière ici ? Ma chère, elle n'est même pas filtrée. — Certains d'entre nous, faute sans doute de pratique, ont été assez lents à se perfectionner, mais finalement nous avons tous compris, et quand O'Brien, plus gros et plus fleuri, et l'aînée Miss Dooley, qui n'était plus maigre, sortit pour commencer la danse, il n'y en avait qu'un qui n'avait pas assumé une personnalité astrale. Le pauvre garçon, même si je le plaignais, j'admirais son courage de se retenir. Il semble qu'en tant qu'éditeur, il racontait si souvent des mensonges pour son propre compte que le Syndicat le présente comme correspondant spécial d'une comète sans queue.

Tuck n'est jamais venu du tout ; soit il se rend compte à quel point les gens honnêtes doivent le considérer, lui et son opéra, soit les élémentaires de l'Astoria le détiennent toujours.

Nous avons eu une belle danse et, pendant que nous nous reposions, Marlow a fait appel à certains d'entre nous pour des spécialités. Mme Mopes a écrit un paragraphe d'un homme nommé Henry James, l'a traduit en action, ce qui semblait assez difficile, puis une personne appelée Parker a externalisé un violon et a donné le Laocoon en termes de son. Pour moi, son rendu de marbre ressemblait à de la terre cuite jusqu'à ce que j'apprenne que la copie de la statue ici est terriblement tachée par les intempéries. Après, ces trois jolies filles ont plutôt bien donné les aurores boréales par suggestion télépathique, puis j'ai chanté "Love Lives Everywhere" - une simple chanson.

— Je sais que tout cela doit vous paraître terriblement plat, un peu comme « Passe-temps pour la saison des pluies à Neptune », mais Bloomer dit qu'elle ne sait pas ce qui se passerait si jamais nous organisions une fête joyeuse vraiment caractéristique.

Nous avons terminé avec une danse terrestre appelée Virginia Reel, le moyen le plus rapide que vous ayez jamais vu pour descendre vers un plan psychique inférieur. C'est tout ce que j'ai à dire, et c'est assez, je suis sûr que vous penserez. — Quoi ? L'Astorien ? Je ne l'ai pas revu depuis. — Mais il y en a encore un peu, un tout petit peu, si vous n'êtes pas fatigué. — Ce matin, j'ai reçu en cadeau des roses, pareilles à celle que j'ai laissée hier, apportées par le même petit embryon. Je l'avais vu chez le fleuriste. J'ai demandé à l'enfant de quelle intelligence cette impulsion était née, et il a répondu :

"Un gars aux yeux bleus avec une moustache, mais il m'a donné un coup de gueule pour ne pas le dire."

J'ai compris qu'un coup de poing était un gage de confiance et j'ai immédiatement exprimé mon mécontentement face à la trahison de sa confiance par le garçon. Je lui ai dit qu'un tel acte laisserait des lignes sombres sur son aura qui pourraient ne pas s'estomper avant plusieurs jours.

"Dis, tu n'as pas un message à renvoyer ?" Il a demandé.

"Garçon!" dis-je, "n'oublie pas ta petite aura."

"Très bien," répondit-il, "je vais lui dire 'N'oublie pas ta petite aura.' Je parie qu'il crache un autre coup."

Je ne sais pas ce qu'il voulait dire, mais j'ai bien peur qu'il puisse y avoir une erreur. — Oh, oui, je suis bien sûr d'être de retour à temps pour le Solstice. — Ou du moins pour l'Éclipse.

LE QUATRIÈME DISQUE

> (REMARQUE. — Entre ce logogramme et le dernier, le pulsateur récepteur de Long's Peak n'a malheureusement pas fonctionné pendant l'espace d'une quinzaine de jours, car l'électricien qui a démonté l'instrument pour le réglage a jugé nécessaire de retourner à Denver pour obtenir de l'huile.)

— Oui, chérie, c'est moi, même si si je ne savais pas que la personnalité est indestructible, je commencerais à avoir des doutes. Je n'ai plus fait d'erreurs, c'est-à-dire pas de mauvaises, depuis que je suis allé seul déjeuner à l'Astoria, et les élémentaires étaient si désagréables justement parce que je n'avais pas d'argent. Je sais tout sur l'argent maintenant, sauf exactement comment on l'obtient, et Tuck m'assure que cela n'a vraiment aucune importance. Je n'ai jamais raconté à Ooma comment l'Astorienne aux yeux bleus a payé ma facture à ma place, et ses facultés de perception sont devenues trop émoussées pour appréhender ce qu'on ne lui dit pas. Des roses fraîches arrivent encore régulièrement chaque jour, et bien sûr, je ne peux rien faire de moins que d'exprimer ma gratitude de temps en temps. — Oh, je ne sais pas à quelle fréquence, je ne m'en souviens pas. — Mais c'est tellement plus agréable. avoir quelqu'un que vous aimez pour vous montrer le chemin plutôt que de dépendre d'étrangers hypnotisants, qui peuvent avoir autre chose à faire.

— Je t'ai parlé du pique-nique la semaine dernière, n'est-ce pas ? Le jour, je veux dire, où Bloomer m'a emmené à la campagne et où Tuck lui a pardonné ma grossièreté jusqu'à venir avec nous porter le panier. — Oh, oui, en effet, je suis en train de devenir complètement domestiqué sur Terre. Et, ma chère, ces humains sont la docilité même lorsqu'on acquiert le don de leur faire faire exactement ce que l'on veut, ce qui est aussi simple que de tomber d'une bûche. — Une bûche est la preuve extérieure d'un arbre préexistant, *cylindrique* . en forme, et bien que souvent collant, pas suffisamment pour être adhésif.

— Ce pique-nique était si agréable – ou l'aurait été sans l'inquiétude de Bloomer que je devais me comporter correctement, et l'inquiétude de Tuck que je ne devrais pas le faire – que j'ai décidé d'en faire un autre tout seul – et je l'ai fait.

J'ai voyagé jusqu'au même petit vallon que j'ai décrit précédemment et j'ai mis les pieds dans l'eau comme je n'avais pas le droit de le faire l'autre jour. Et j'ai allumé un feu et j'ai presque fait cuire un œuf et j'ai mangé un gâteau (un œuf est le bourgeon d'un oiseau et un gâteau est une poésie comestible) assis sur une clôture. - Les clôtures poussent horizontalement et n'ont pas de feuilles. - N'en demandez pas autant des questions!

Au bout d'un moment, cependant, j'en ai eu assez d'être seul, alors j'ai traversé de belles prairies vertes en direction d'un flanc de colline, où j'avais observé un humain se promener et agiter un mur fourchu. Il s'est avéré l'être le plus étrange que j'ai jamais rencontré, ressemblant davantage à ces habitants de l'espace sauvages et laineux qui sont tombés lorsque cette comète vagabonde s'est heurtée à notre deuxième lune. Mais c'était un homme prévenant, car lorsqu'il me vit arriver et devina que j'allais être fatigué, il entassa une quantité d'herbes délicieusement parfumées pour que je puisse m'asseoir dessus.

"Bonjour, monsieur", dis-je en m'affalant sur le monticule qu'il avait fait, et lui, étant beaucoup plus impressionnant que ce que vous pourriez supposer d'après son apparence uranienne, répondit.

"Je cygne, j'aime ta joue."

"C'est une journée agréable", dis-je, car on s'attend toujours à annoncer un résultat d'observation de l'atmosphère. Cela montre immédiatement si l'on est idiot ou non.

"J'appelle ça une chaleur assez dangereuse", répondit-il intelligemment.

"Alors pourquoi ne te mets-tu pas à l'abri du soleil ?" J'ai suggéré, plus pour garder la conversation fluide que parce que je m'en souciais un peu.

"J'y vais," répondit-il, "dès que ce foutu chariot arrivera." (Un wagon "bon sang" est, je pense, un wagon sans ressorts.)

"Qu'allez-vous faire ensuite?" Ai-je demandé, commençant à craindre de me retrouver à nouveau seul après tous mes ennuis.

« Je rentre dîner à la maison », répondit-il, et je dis aussitôt que j'irais avec lui. — Vous voyez, j'avais mis un peu trop confiance dans l'œuf.

"Je n'en sais rien, mais je suppose que tout ira bien", insista-t-il avec hospitalité, et bientôt le foutu chariot arriva avec un autre homme, qui s'est avéré être le fils du premier et qui avait l'air de mordre.

Ensemble, ils jetèrent toutes les herbes dans le chariot jusqu'à ce qu'elles soient entassées bien au-dessus de leurs têtes.

"Comment puis-je me lever?" J'ai demandé, car je n'avais aucune idée de marcher plus loin et je pouvais voir la maison blanche de cet homme de très loin.

"Qui a dit que tu allais te lever ?" » demanda désagréablement le mordeur, mais l'autre répondit à ma place.

"Je l'ai dit, c'est qui, tu as consarned Jay," annonça-t-il d'un ton réprobateur.

Quand je les ai fait monter tous les deux les premiers et m'avoir donné un coup de main à chacun, je n'ai eu aucune difficulté à monter, mais j'ai eu bien garde de remercier le Geai, ce qui semblait le rendre plus maussade que jamais. Puis ils redescendent et nous repartons.

Un jour, lorsque nous sommes arrivés à de jolies fleurs bleues poussant dans l'eau près du bord de la route, j'ai dit au geai de s'arrêter, de patauger et de les cueillir pour moi.

"Je serai tenace si je le fais", répondit-il; alors j'ai dit:

"Je ne sais pas ce que signifie être 'obstiné', mais si c'est une récompense pour avoir été gentil, gentil et poli, j'espère que tu le seras."

Sur quoi il me mordit une fois et entra, tandis que l'homme plus âgé, dont le nom, semble-t-il, était Pop, s'asseyait sur une pierre et riait.

"Mon Dieu ! Si ça ne bat pas les chats", dit-il en se frappant le genou, ce qui était sa façon de se faire rire encore plus.

J'ai mis les fleurs dans mes cheveux et dans ma ceinture et partout où je pouvais les coller. Mais il en restait encore beaucoup, et chaque fois que nous rencontrions des gens, je leur en jetais, ce qui semblait plaire à Pop, mais rendait le Jay encore plus mordant.

Bientôt, nous arrivâmes à un endroit très étroit et là, par hasard, nous rencontrâmes une automobile. — Dieu merci, je n'ai pas besoin d'expliquer l'automobile. — Et qui devrait être tout seul au levier, sinon... l'Astorien.

Je l'ai reconnu instantanément, et il m'a reconnu, ce qui était, je suppose, la raison pour laquelle il avait oublié de s'arrêter jusqu'à ce qu'il nous écrase presque. En un instant, nous nous trouvâmes dans un enchevêtrement des plus fous, même si rien n'aurait dû se produire si le Geai n'avait pas complètement perdu son sang-froid.

"Accroche ta photo !" » cria-t-il sauvagement : « Que veux-tu ? La Terre ?

Et là-dessus, il frappa les animaux — le chariot n'était pas automoteur — d'un coup violent, et ils bondirent en avant avec une embardée qui fit glisser le foin. J'ai essayé de me sauver, mais il n'y avait rien à quoi m'accrocher, alors j'ai glissé et - oh, ma chérie, ma chérie, imagine-toi ! - j'ai atterri directement sur ses genoux. - Non, pas ceux de Jay. - De Bien sûr, je suis resté là le moins de temps possible, car il a été très gentil de s'avancer pour me faire de la place sur le siège, mais je crains que cela ait semblé terriblement informel au début.

"Tout était de la faute de ce maudit Jay", expliquai-je aussitôt que j'eus retrouvé mon calme, "et je ne monterai plus jamais dans son foutu chariot."

"J'espère sincèrement que non," répondit Astoria en me regardant avec l'expression la plus curieuse. "Ce serait bien mieux de me laisser t'emmener où tu veux aller."

"C'est terriblement gentil de votre part," dis-je, "mais je n'ai pas envie d'aller quelque part en particulier cet après-midi, sauf aussi loin que possible de ce jeune homme répréhensible."

L'Astorien ne parla plus jusqu'à ce qu'il ait tourné quelque chose dans la machine pour la faire reculer et, une fois libéré du foin renversé, repartir.

"Dis, Sissy, je pensais que tu venais dîner", a appelé Pop depuis le dessous du chariot, où il avait rampé pour se mettre en sécurité, et quand j'ai répondu aussi gentiment que possible, "Non, merci, ne pas- jour", a-t-il répété, assez tristement alors que je pensais, "Mon Dieu, si ça ne bat pas les chats!" et aussi plusieurs autres choses que je n'entendais pas, parce que nous nous éloignions si vite.

Après avoir parcouru environ cent milles – ou mètres, ou pouces, peu importe – l'Astorien, qui était assis très droit, demanda si ces messieurs – c'est-à-dire Pop et Jay – étaient des parents proches.

Je lui montrai clairement que je pensais que sa question était uranienne, et lui expliquai que je n'avais aucun parent sur Terre. Ensuite, je lui ai raconté exactement comment j'étais arrivé à être avec eux, ainsi que mon pique-nique et l'œuf. Je crains de ne pas avoir pris grand soin de rendre l'histoire très claire, car c'était tellement amusant de le rendre perplexe. Il n'est pas du tout comme les Vénus, qui sont devenus si intelligents qu'ils s'ennuient toujours à mourir.

"As-tu été surpris de me voir voler dans les airs ?" J'ai demandé.

« Oh non », dit-il ; "J'ai toujours pensé à toi comme venant sur Terre d'une manière ou d'une autre, venant d'une planète lointaine."

"Oh, alors, tu sais !" J'ai haleté.

L'Astorien rit.

"Je sais que tu es le seul être parfait au monde, et cela suffit amplement", dit-il, et je vis immédiatement que quoi qu'il ait deviné à mon sujet, il ne savait rien du tout de la Colonie.

"Miss Aura," continua-t-il, - il m'a appelé ainsi depuis que ce petit embryon a fait sa stupide erreur, et je ne l'ai pas corrigé - ici il est presque nécessaire d'avoir une sorte de nom - "Miss Aura, don "Tu ne penses pas que nous sommes de simples connaissances depuis assez longtemps ? Je ne suis qu'un humain——"

"Oui, bien sûr," l'interrompis-je, "mais ce n'est pas de ta faute——"

"Je suis heureux que vous considériez mon malheur avec autant de charité", dit-il, un peu plus perplexe que d'habitude, comme je l'imaginais.

"C'est mon devoir", répondis-je. "Je veux t'élever, égayer ton existence."

"Mon Aura !" Il murmura; et je ne savais pas vraiment s'il pensait à moi ou non.

Nous avancions rapidement sur une large route au bord d'une rivière. Il y avait des collines au loin et l'air qui en sortait était dans la clé des Pléiades. Il y avait partout des jardins pleins de soleil traduits en fleurs, et sans effort on devinait l'harmonie des choses qui poussaient. Je sentais que quelque chose était sur le point de se produire ; Je le savais, mais je n'avais pas envie de demander ce que cela pouvait être. Peut-être que si j'avais essayé, je n'aurais pas pu le savoir ; Peut-être que pendant cette heure-là, j'étais seulement une fille de la Terre et que je ne pouvais connaître les choses que telles qu'ils les connaissent, mais je m'en fichais.

Nous allions de plus en plus vite à chaque instant.

"C'est toi qui voulais que je vienne à la campagne ?" J'ai demandé. « Est-ce que vous m'avez surveillé et m'attendez-vous ?

Nous nous déplacions maintenant comme des nuages qui se précipitaient sur la lune.

"Je pense que je t'ai veillé toute ma vie et que je voulais que tu viennes", a-t-il déclaré, ce qui montre à quel point nous sommes parfois terriblement injustes envers les humains.

"Alors que j'étais sur une autre planète ?" J'ai demandé. "Alors que nous étions à des millions et des millions de kilomètres l'un de l'autre ? Supposons que je ne sois jamais venu sur Terre ?"

Nous nous déplacions comme les étoiles filantes que l'on voyage dans l'hémisphère noir pour voir.

"J'aurais quand même dû te trouver", murmura-t-il en riant à moitié, mais ses yeux bleus brillaient. "Je ne pense pas que l'espace lui-même puisse nous séparer."

"Oh, tu t'en rends compte ?" J'ai demandé : "et tu le sais vraiment ?"

"Je sais que je t'ai avec moi maintenant," dit-il, "et c'est tout ce que je veux savoir."

Nous volions maintenant, comme les comètes volent vers le périhélie. Le monde nous échappait, se désintégrait et se dissolvait en pensées cosmiques exprimées en couleurs. Seuls ses yeux étaient réels, et les collines bleues au loin, et le vent qui en sortait dans la clé des Pléiades.

"Il n'y aura plus jamais de temps ni d'espace pour nous", a-t-il déclaré.

« Mais, protestai-je, nous ne devons pas négliger les faits fondamentaux.

"Dans tout l'univers, il n'y a qu'un seul fait", s'écria-t-il en prenant ma main dans la sienne, puis...

(REMARQUE : *Ici, une partie du logogramme devient indéchiffrable, peut-être à cause du passage d'un gros oiseau à travers le ligne de projection. Ce qui suit est le dernier vibragraphe enregistré à ce jour.*)

— Oui, chérie, je sais que j'aurais dû être plus circonspect. J'aurais dû me souvenir de ma position, mais je ne l'ai pas fait. Et c'est pour cela que je m'engage à me marier. — Ici, il faut le faire, quand on arrive à un certain point — je sais que vous penserez que c'est une grande chute pour l'un de nous, mais après tout, nous ne nous devons rien. planètes sœurs ?—

———————————

LA LETTRE INATTENDUE

Même si je n'aime pas les superlatifs, je dois avouer que rien dans ma vie ne m'a plus surpris que cette lettre qui m'a été adressée d'une main ferme mais inconnue, face vers le haut sur le comptoir d'un petit magasin de curiosités dans une rue insignifiante de une ville étrange.

J'ai un faible pour ces petites boutiques, où l'on se laisse ordinairement promener à volonté au milieu d'une multitude d'objets attrayants, sans la moindre obligation d'acheter, et où les propriétaires sont souvent des hommes intelligents et instruits. Quand j'ai du temps libre, je résiste rarement à la tentation d'entrer, et dans ce cas, l'impulsion était presque obligatoire.

C'était ma première visite à Selbyville, et je peux dire que ce sera probablement la dernière ; car je n'ai jamais vu d'endroit plus ennuyeux et moins intéressant. Une mauvaise correspondance m'avait laissé là à la gare, avec plusieurs heures à consacrer, comme je le craignais, à des errances sans but dans des rues et des avenues toutes plus grossières et plus banales les unes que les autres ; mais la découverte fortuite d'un lieu favori me remplit aussitôt d'une vive satisfaction.

Il s'est avéré qu'il s'agissait d'une petite boutique sombre et moisie, et son propriétaire était tout ce que j'aurais pu souhaiter : un vieux Dickens doux qui était fier de sa collection et a immédiatement deviné en moi un auditeur sympathique. Au début, je le suivis de cas en cas avec un intérêt et une attention intacts ; mais bientôt, je l'avoue, sa conversation devint un peu ennuyeuse, et je laissai mes pensées s'égarer.

Il avait sorti, si je me souviens bien, un plateau de camées antiques, et, pour lui faire de la place sur le comptoir, il écarta une litière de papiers en désordre. Des factures négligées, semblait-il, et des circulaires comme un homme insouciant oublie de les jeter. Mais je n'ai rien remarqué de plus ; car soudain, au milieu des détritus, mon propre nom familier m'est apparu, audacieux, clair et indubitable, sur une grande enveloppe carrée d'une teinte bleuâtre : « Josiah Brunson Dykefellow, Esq., 109 South Ninth Street, City.

Maintenant, je ne suis pas homme à tirer des conclusions hâtives. L'adresse, bien sûr, était celle que l'on pouvait trouver dans presque toutes les villes ; mais comme c'était la mienne à Masonburg, et comme mon nom n'était pas courant, c'est le moins qu'on puisse dire, la lettre me semblait si clairement destinée à moi que j'aurais dû la prendre sans scrupule, si j'aurais pu le faire sans être remarqué. Mais le marchand ne me quitta jamais un instant, et, quoique très aimable, je lui accordai trop de bon sens pour me remettre une communication scellée sur la déclaration non étayée d'un parfait étranger ; car j'avais laissé mon porte-cartes dans mon cartable à la gare, et comme je suis célibataire, mon linge n'est pas marqué. Quelle que soit la manière dont la lettre parvenait là, il était évident que je devrais faire preuve de diplomatie pour prendre possession de la mienne. Et ainsi, continuant notre tour du magasin, j'ai bien pesé la question. Ma résolution finale était, je le penserai toujours, un peu à court d'inspiration.

Nous avions atteint une ancienne armoire en palissandre de taille énorme et au design hideux avant que je trouve l'occasion de mettre mon plan à exécution.

" Ah ! c'est quelque chose que j'aimerais posséder, m'écriai-je, pourvu que mes nouveaux appartements soient assez grands pour le contenir. Et, ajoutai-je négligemment, peut-être pourriez-vous m'indiquer l'adresse. " J'ai feint de le posséder. consultez un mémorandum : « 109 South Ninth Street ».

Le digne marchand me lança un regard de surprise à moitié amusé. « C'est ici », dit-il, « juste ici, cette rue et cette maison ».

"En effet!" J'ai pleuré, même si je n'étais pas totalement préparé à une telle réponse. "C'est vraiment étrange ! car c'est ici, mon cher monsieur, que c'est précisément l'endroit où on m'a dit de chercher un logement."

"Il doit y avoir une erreur", répondit poliment le concessionnaire; "En l'état, la maison est trop petite pour accueillir ma famille."

À cela, j'ai dû feindre assez intelligemment les signes d'un extrême mécontentement ; car le marchand s'est joint à la condamnation des amis officieux en général, et particulièrement d'un certain McPherson, un deuxième auditeur, qui m'avait si induit en erreur.

« Cet idiot de McPherson, expliquai-je avec émotion, m'a causé le plus grand inconvénient ! Car, dans certaines chambres, j'ai effectivement donné cette adresse à des correspondants. Mais, m'empressai-je d'assurer à mon auditeur courtois, je le ferai, bien sûr, écrivez immédiatement et évitez tout problème à ce sujet. S'il vous plaît, gardez la garde-robe pendant un jour ou deux. Je m'appelle Josiah Brunson Dykefellow.

A mesure que je prononçais chaque syllabe avec précision, je pouvais apercevoir le visage aimable du marchand s'élargir de plaisir. « Pourquoi, M. Dykefellow ! » s'écria-t-il, une lettre est venue vous chercher ce matin. J'allais la rendre au transporteur. La voici.

Je l'ai remercié, j'ai jeté un simple coup d'œil à l'enveloppe carrée avant de la glisser dans une poche intérieure, puis j'ai acheté une bibelots, sachant à peine ce que je faisais. J'avais hâte de voir mon achat emballé dans du papier journal. Je craignais que le concessionnaire ne se ravise de sa confiance et ne me demande une pièce d'identité. J'ai ressenti le pincement de conscience que doit ressentir un honnête homme qui remporte même une juste victoire par des moyens fallacieux.

Lorsque la porte se fut refermée derrière moi et que je fus libre de remonter la Neuvième Rue avec ma curiosité sous le bras, je redoutais à chaque pas d'entendre le cri de « Stop au voleur ! » sur mes talons. Une fois en sécurité au-delà du coin le plus proche, j'ai couru. En longeant une rue, en descendant une autre, tantôt en courant, tantôt essoufflé, marchant d'un pas rapide, j'arrivai enfin à une petite place publique presque déserte, et là, assis sur un banc retiré, je sortis prudemment mon enveloppe bleue, et pour la première fois scrutai son inscription.

L'écrivain était évidemment une personne au caractère décidé ; mais il était impossible de deviner s'il s'agissait d'un homme ou d'une femme. Il y avait quelque chose de masculin dans la papeterie, qui évoquait un club bien aménagé ; mais d'un autre côté, le sceau de cire violette, l'impression un peu floue de ce qui aurait pu être un blason délicat, l'odeur de l'iris, me semblait-il, parlaient d'un boudoir de dame. Quant au cachet de la poste, il n'engageait pas le lieu, mais l'heure et la date étaient clairement neuf heures trente de la veille, ce qui paraissait un peu tard pour une dame ; mais encore une fois, peu d'hommes écrivent « En hâte » au coin d'une lettre. Bien sûr, il aurait été simple de résoudre le mystère sur-le-champ ; mais un mystère résolu ne pourra plus jamais être lui-même, et pour le moment je résolus de prolonger les plaisirs de l'anticipation. Je ris intérieurement et jetai un regard amical autour de moi, imaginant vaguement ce que Selbyville pourrait signifier pour moi dans les années à venir. Prenant une attitude décontractée sur le banc, j'ai regardé vers le ciel.

"Ah, le destin !" Je commençais à monologuer, quand une voix grossière à côté de moi m'interrompit.

"Dites, laissez vos pieds ouvrir l'herbe, à moins que la terre ne vous appartienne !" » dit-il, et levant les yeux, je vis devant moi le visage sinistre d'un serviteur de la loi. "Et qu'est-ce que tu fais ici de toute façon ?" » continuait la voix tandis que le visage se tournait avec une suspicion non dissimulée vers ma curiosité, qui ressemblait effectivement à un bébé enveloppé dans du papier journal.

J'ai dit que j'attendais mon train et j'ai demandé en toute humilité à être dirigé vers la gare.

On me répondit avec mépris. On m'a ordonné de « Allez ! » On m'a dit avec peu de courtoisie que la gare Union n'était qu'à un pâté de maisons. "Même vous ne pouvez pas le manquer", a déclaré mon informateur. "Suivez South Ninth Street."

Je me levai et remerciai l'homme avec toute la dignité dont je disposais. Je lui ai aussi donné un cigare, qui a semblé l'apaiser ; mais si ma fuite aléatoire m'avait amené une fois de plus à l'extrémité de la Neuvième Rue, j'aurais laissé tous les trains qui partaient de Selbyville partir sans moi plutôt que de risquer une autre rencontre avec l'homme curieux. En me promenant nonchalamment dans la mauvaise direction, je suis sûr d'avoir saisi un langage vulgaire prononcé par les lèvres officielles.

Mais l'expérience m'avait appris que celui qui a un secret à cacher doit surtout éviter de se faire remarquer. Ainsi, portant ma bibelots — qui était en bronze et devenait de plus en plus lourd à chaque instant — comme s'il s'agissait d'un paquet de blanchisserie, je me mis à marcher d'un pas trépidant et à fredonner un refrain populaire. Mon seul souhait maintenant était de paraître absolument sain d'esprit ; car être un « bug-house » (telle était l'expression du policier), bien que ce ne soit pas un crime, peut conduire à des enquêtes, peut-être à un examen, et je n'étais en aucun cas certain des éléments incriminants que pouvait contenir ma lettre cachée. En raisonnant ainsi, j'ai eu d'un coup des doutes sur mon droit à l'enveloppe bleue. Et plus j'y pensais, plus ma confiance dans la voie que j'avais suivie s'affaiblissait. Et si après tout je m'étais approprié les affaires de quelqu'un d'autre, le secret de quelqu'un d'autre, l'indice caché du délit de quelqu'un d'autre ?

J'avais eu l'intention, à demi formulée, de marcher jusqu'à ce que la ville soit loin derrière moi, dans la campagne tranquille où il y avait sûrement des meules de foin et des granges désertes, ou du moins, si rien de mieux, des arbres à grimper. Mais maintenant, l'idée me vint qu'il serait peut-être plus sûr de lire ma lettre en plein jour et en pleine rue que dans une solitude incertaine et suspecte.

La décision était judicieuse et je n'ai pas perdu de temps pour la transformer en action ; car mon environnement à ce moment-là n'aurait guère pu être plus favorable. Je me trouvais devant ce qui semblait être un édifice public, bien fermé et apparemment inutilisé, et juste à côté se trouvait un poteau très pratique sur lequel reposer ma bibelots, qui depuis quelque temps menaçait de perdre complètement ses emballages. . Je ne me souviens plus exactement de quoi il s'agissait – un objet oriental, sans doute – mais à peine l'avais-je quitté mes mains que tout l'air résonnait de cris comme si les démons de Tophet étaient libérés de la dure ; les grandes portes du bâtiment s'ouvrirent et des enfants, d'innombrables enfants, en sortirent. Je n'ai jamais vu autant d'enfants en même temps. Ils se pressaient autour de moi et de ma curiosité, poussant des cris grossiers, et, pointant du doigt de leurs horribles petits doigts, ils incitaient leurs jeunes compagnons de loin et de près à se joindre à la bagarre. Je ne cède à personne dans mon amour pour l'enfance – une enfance bien conduite – mais Selbyville n'est pas l'endroit où le trouver.

Avec un cri découragé, j'ai saisi mes biens et je suis parti là où je ne connaissais ni ne m'en souciais, les enfants me poursuivant comme une meute de jeunes loups mal élevés. J'ai traversé une rue bondée, j'ai doublé ma trace, j'ai renversé un chariot plein d'oranges, j'ai secoué un public en matinée dans une effroi sauvage, et partout il me semblait entendre deux mots fatals. Et quand enfin je me jetai sur un tramway, le vulgarisme stupide résonnait encore à mes oreilles.

Je suis sûr que le conducteur m'a regardé avec méfiance ; mais je m'en fichais ; car je m'éloignais à chaque instant des scènes de ma déconfiture, ma curiosité hors de vue sous le siège, et ma lettre en sécurité dans ma poche intérieure. Je ramassai un papier abandonné et le lisai, ou semblai le faire, avec calme, bien que les doigts de ma main gauche ne cessèrent de pincer l'enveloppe bleue, faisant de nouvelles découvertes.

Dans la feuille de papier à lettres pliée, il y avait incontestablement une inclusion d'un format plus petit et d'une texture plus douce, peut-être un billet de banque, peut-être une traite. Bien sûr, j'ai bien contrôlé mon imagination et j'ai essayé de penser à rien de plus important qu'une coupure de journal ; mais même cela laissait une certaine marge de fantaisie. Les annonces d'héritiers disparus ne sont pas rares, et même les poèmes embaumés dans l'iris peuvent avoir une signification profonde. Euh! Et si j'étais riche ? Et si j'étais aimé ? Et si les deux à la fois ? La chose n'est pas impossible. Bientôt je devrais tout savoir, sous ma botte de foin, dans ma grange ou, tel un oiseau, en me balançant dans mon arbre. J'étais si sûr maintenant que ce qui m'avait coûté tant de désagréments devait être de moi seul, que je ne me serais séparé de l'enveloppe bleue qu'au prix de ma vie.

Ce fut un choc de voir mon rêve interrompu par l'appel joyeux du chef d'orchestre : « Tous dehors ! et découvrir que le chariot trois fois maudit volait depuis tout ce temps, non pas vers la campagne, mais dans les profondeurs de la plus sombre Selbyville, où les usines à gaz, les laminoirs et les quais se disputent une sombre préséance. Mais si à ce moment-là je ne m'étais pas habitué à la déception, la possibilité d'abandonner ma curiosité sous le siège aurait largement compensé.

Depuis mon après-midi à Selbyville, je me suis souvent demandé où l'homme qui faisait l'éloge de la solitude avait obtenu ses informations. Je suis convaincu que Crusoé ne s'est jamais assis pour une pipe tranquille sans que le Black Friday n'intervienne pour demander quelle heure il était. Mais ce ne sont que de vaines spéculations.

Une fois libéré de mon fardeau, mon cœur battait fort d'espoir, et en rampant à travers une clôture brisée, je me suis retrouvé dans un parc à bois. De chaque côté, des planches bien ordonnées étaient empilées de manière reposante, et sous les pieds le sol était mou de sciure. Et là, je n'ai pas perdu de temps pour sortir ma lettre. Ce faisant, une possibilité nouvelle et des plus captivantes s'est présentée à moi. La plus petite pièce pourrait être une photographie, une de ces empreintes carbone non montées prises par des amateurs, et si franchement véridique que seules les belles personnes prennent soin de l'envoyer à leurs amis. J'ai senti mon pouls palpiter à cette pensée et j'ai pressé l'enveloppe bleue contre mes lèvres, à l'abri de l'observation, comme je l'imaginais.

Mais tel n'était pas le cas. Un grand personnage en saut d'obstacles, à la mâchoire saillante, perché sur un tas de traverses de chemin de fer, me regardait pendant tout ce temps avec un amusement tolérant. "Eh bien, qu'est-ce que tu fais au Paradis, de toute façon ?" il dessinait avec complaisance.

"J'espère que vous pardonnerez l'intrusion", répondis-je poliment; "mais j'ai pris la liberté d'intervenir pour lire une lettre."

"Alors vous pouvez simplement repartir", répondit l'homme avec une délibération en soi une impolitesse. "Ce n'est pas une salle de lecture."

"Mais," protestai-je, "vous ne m'en voudrez sûrement pas un minimum de solitude et de calme ?"

"Je suppose que nous n'avons pas ce que vous voulez en stock aujourd'hui. Je suppose que vous feriez mieux de vous renseigner à la prison ; ils se font une sorte de spécialité de ces choses-là."

Je suis parti, ne voulant pas m'exposer à de nouvelles incivilités ; et bientôt j'ai complètement quitté la région des usines à gaz ; mais pas avant d'avoir été chassé d'une brasserie par un chien et d'un bateau fluvial par une femme marinière ; un débardeur m'avait mis au défi de me battre et un routard ivre m'avait donné une pomme. Et nulle part, nulle part, je n'ai trouvé un endroit où lire ma lettre.

Le temps passait; combien je ne le saurai jamais, car j'en avais perdu toute trace. Je n'ai pas non plus pu retrouver aujourd'hui le petit pont où, fatigué et découragé, je me suis affalé sur la large margelle de pierre pour me reposer. En contrebas, les eaux déferlaient en mousse à travers un chemin de roulement vers les turbines d'une centrale électrique, avec un bruit qui se mêlait agréablement au tourbillon des roues et des dynamos à l'intérieur. En contraste avec les images et les sons sordides de Selbyville, l'endroit était reconnaissant et rafraîchissant pour les yeux et les oreilles, et en regardant depuis le couronnement, j'ai été heureux de percevoir une étagère de maçonnerie en saillie en dessous, suffisamment large pour former un siège confortable, et facilement atteint par une courte descente du pont. Ici, en effet, il y avait une oasis, un refuge, une retraite. Mais malheureusement, l'endroit avait été envahi par un nègre qui semblait endormi.

"Bonjour!" J'ai crié, car rien d'autre qu'un homicide involontaire ne pouvait désormais m'empêcher d'atteindre mon objectif. "Bonjour, mon ami de couleur ! Tu ne voudrais pas gagner un dollar ?"

"Bien sûr, patron !" » répondit-il en se réveillant instantanément.

"Alors va," dis-je, "directement à la Mairie et vérifie si le Maire est en ville."

L'homme a hésité, jusqu'à ce que le contact réel du dollar avec sa paume le convainque de ma bonne foi. Et bientôt il grimpa jusqu'au pont, tandis que je perdais un peu de temps à descendre chez lui.

"Dis, patron", m'a-t-il appelé dans un murmure nerveux, "si tu as fini par te noyer, n'attendras-tu pas s'il te plaît que je descende là où je ne t'entends pas éclabousser ?"

J'étais enfin seul, enfin à l'abri de toute interruption ! Et n'osant guère croire à une telle fortune, je m'accroupis contre le mur et retins mon souffle. Ainsi les minutes s'écoulèrent, chacune étant une agonie de peur qu'une nouvelle difficulté puisse encore se présenter à moi. Puis, reprenant des forces, je sortis prudemment une fois de plus la précieuse enveloppe bleue.

Mes mains tremblaient, mes nerfs frémissaient d'émotion ; mais je m'étais entraîné à supporter tout ce que le sort, bon ou mauvais, pouvait me réserver. Le vent fort et frais soufflant sous le pont m'a donné un nouveau courage, et les machines elles-mêmes semblaient murmurer des promesses. J'ai pressé mon enveloppe bleue contre mon cœur ; Je l'ai posé sur mes genoux pendant un bref instant, pour revivre les délices alléchants de l'anticipation.

La brise est devenue un coup de vent. Il menaça de déloger mon chapeau et, dans un instant de folie, je levai les deux mains. Dans la suivante, je ne sais pas comment cela s'est passé, dans la suivante, j'ai vu ma lettre bien en bas, là où tourbillonnaient les eaux sauvages. Un instant, il bondit et dansa devant moi, plus léger que l'écume, puis, avec un dernier éclair bleu, il disparut dans les eaux noires du puits de turbine.

"Suite à la page 14", *Sunday Magazine* , 1er avril 2007.

Même si je n'aime pas les superlatifs, je peux dire que je n'ai jamais été aussi déçu et ennuyé.

("Si vous avez lu cette histoire, il serait peut-être bon de
vous rappeler que nous sommes le 1er avril." - ED. *Magazine
du dimanche .*)

LE COMPTEUR D'ARGENT

Hiram Clatfield, sur le seuil de son bureau, jeta un coup d'œil dans la salle de comptage d'une manière difficile à associer aux inscriptions sur la porte vitrée entrouverte dans son dos. « Privé » y était imprimé en lettres dorées, et « Président », mais le ton du président était presque celui de quelqu'un qui demande une faveur lorsqu'il dit :

"M. Wattles, si vous êtes désengagé, j'aimerais vous parler un instant."

Le caissier, se tournant sur son tabouret aux pieds hauts, jeta un regard de regret vers un régiment de personnages, une colonne de six de front d'où il avait chassé les neuf, et répondit avec résignation :

"Je suis désengagé pour le moment."

"Alors s'il vous plaît, entrez", dit M. Clatfield, acceptant le mensonge avec gratitude. "Entrez et fermez la porte."

La pièce marquée « Président », lambrissée de chêne coupé en quartiers, un peu comme l'appartement d'apparat d'une voiture privée, contenait un bureau poli, six chaises aux sièges en maroquin rouge, un tapis turc et le portrait d'un ancien président réalisé à l'huile. Sous le tableau, sur un piédestal et protégée par une coupole de verre, se trouvait une petite machine qui, de temps en temps, émettait des clics saccadés et nerveux et imprimait des caractères mystiques sur une bande de papier sans fin.

L'ancien président sur le mur souriait perpétuellement, les yeux fixés sur la porte vitrée, comme s'il lui plaisait d'observer à travers elle la double rangée de jeunes hommes soignés sur de hauts tabourets si bien employés. Peut-être lui plaisait-il mieux encore de regarder plus loin les petites fenêtres aux barreaux de cuivre, où d'innombrables visages allaient et venaient toute la journée de dix à trois – des visages maigres et gros, des vieux et des jeunes, et des mains, d'innombrables mains, certaines pour porter. et certains à aller chercher, mais tous pour laisser un hommage à quiconque serait assis au bureau poli.

« Veuillez lire cet article, M. Wattles », dit le président en indiquant d'un ongle bien entretenu un paragraphe du *Morning Mercury* , et, mettant ses lunettes, M. Wattles lut :

"Les estimations conservatrices évaluent la fortune d'Hiram Clatfield à sept millions de dollars."

Au même instant, la petite machine parut se réveiller.

"Con-ser-vat-ive-est-i-ma-tes-place-the-for-tune-of-Hi-ram-Clat-field-at--",
semblait-il répéter délibérément, comme pour la dictée, et arrêté.

« Sept millions de dollars », concluait une machine à écrire dans la salle de
comptage, derrière les portes vitrées, et la phrase se terminait par le tintement
de la petite cloche qui avertit qu'une ligne est presque terminée.

M. Wattles, après avoir posé le papier sur la table, essuya ses lunettes avec un
mouchoir de poche et les présenta à la lumière.

« Proposez-vous d'agir en la matière ? s'enquit-il. "Y a-t'il quelque chose que
je puisse faire?"

M. Clatfield s'est déplacé vers le centre du tapis et a mis les deux mains dans
les poches de son pantalon.

« Wattles, dit-il, est-ce que c'est vrai ?

"Pas tout à fait", dit l'autre, ne trahissant dans son ton qu'un désir
d'exactitude. "Je pense qu'il serait prudent de dire au moins, en tenant compte
des fluctuations, dix millions de dollars."

"Al-low-ing-for-fluc-tua-tions--", répétait le téléscripteur.

"Dix millions de dollars", conclut la machine à écrire.

Entre les deux hommes sur le tapis turc, il y avait si peu de choix que, avec
des cylindres de paille pour protéger ses poignets et la manche gauche de son
manteau quelque peu gâchée par des stylos essuyés, l'un ou l'autre aurait pu
être caissier, et sans ces jetons, l'un ou l'autre aurait très bien pu être
président. Le banquier était un peu tôt et avait les tempes grises. Les cheveux
de l'autre étaient toujours dressés et d'une teinte qui suggérait "Tamia"
comme un surnom approprié à l'époque où il était à l'école.

"Wattles", dit lentement le banquier, "qu'est-ce que dix millions de dollars ?"

"Eh bien, c'est... c'est un tas d'argent", a plié le caissier.

L'autre fit un tour vers le bord du tapis et revint.

"Cela ne m'aide pas", a-t-il protesté. " Cela ne me donne pas une idée. Avant,
vous étiez si plein de fantaisies ", continua-t-il d'un ton un peu maussade ;
"Vous aviez l'habitude d'apporter un livre de poésie à lire au déjeuner quand
nous étions enfants dehors là-bas" - il s'approcha de la salle de comptage.
"Vous aviez l'habitude de vous moquer de moi parce que je m'interrogeais
sur les remises, et vous disiez que je me démenais avec des œillères, comme
un cheval, pour exclure tout ce qui n'allait pas à l'avance. Je n'ai jamais pu
imaginer quoi que ce soit - je ne peux pas imaginer dix millions maintenant.
Comment serait-il long s'il était entièrement constitué de billets d'un dollar

placés bout à bout ? Quelle serait sa taille s'il s'agissait de timbres-poste de deux cents ?"

"Cela prendrait un peu de temps pour résoudre ce problème", répondit respectueusement l'autre homme, non sans une étincelle dans les yeux. "Je peux vous faire une déclaration dans une demi-heure."

"Ne le faites pas alors", répondit le banquier. "J'en ai marre des chiffres, et on n'en avait jamais besoin quand on inventait des contes de fées pendant que nous parcourions les rues après la fermeture de la banque."

"J'invente encore souvent des contes de fées", a déclaré M. Wattles, "après la fermeture de la banque".

"Est-ce que tu?" demanda l'autre. "Est-ce que tu le fais toujours ? Et est-ce que tu fais encore des promenades avant de rentrer dîner chez toi ?"

"Oui, quand il ne pleut pas."

"Et tu penses que ce sera clair ce soir ?"

M. Wattles a ri.

« Ce soir, je descendrai en retard, dit-il, car demain c'est jour férié.

"Quelles vacances ?" demanda M. Clatfield.

"Noël", a déclaré M. Wattles.

"Je ne prétends pas garder une trace de toutes les vacances", a déclaré M. Clatfield.

"Non", a déclaré M. Wattles, "je suppose que non."

C'était une journée chargée à la banque, et les horloges de la ville avaient sonné six heures lorsque le caissier a réglé les sas dans le coffre-fort et a souhaité une bonne nuit au gardien à la porte. Mais lorsqu'il fut surpris de trouver un vieux compagnon qui l'attendait sur les marches, son visage ne le trahit pas.

"Je pensais faire un petit chemin avec vous", expliqua le banquier avec une tentative d'insouciance qui dépassa le but.

"Très bien", dit M. Wattles, boutonnant son manteau en bon état et jetant un rapide coup d'œil tamia sur le temps. "Ça ne te dérangera pas si je m'arrête pour récupérer mes colliers ?"

Une pluie brumeuse tombait et les rues étaient remplies de gens qui rentraient précipitamment du travail. Alors que les deux hommes rejoignaient le cortège, le banquier fit un petit saut maladroit pour rattraper le marchepied.

"Je ne suppose pas que tu amènes toujours ton linge au même endroit ?" il a spéculé.

"Oh, oui, c'est le même endroit", répondit l'autre. "Mme Brennan est morte, bien sûr, mais Mary Ann poursuit toujours son activité."

"Tu ne parles pas de la petite Mary Ann ?"

"Oui, elle est grande Mary Ann maintenant et elle a cinq enfants. Son mari était aiguilleur dans les chantiers jusqu'à ce qu'il se fasse renverser par un moteur il y a deux ans."

Il était difficile de parler ensemble dans la foule qui se bousculait, et souvent les deux hommes avançaient en silence pendant un demi-pâté de maisons. Un jour, M. Wattles entra dans un petit magasin pour acheter du tabac pour sa pipe. A son retour, il trouva le banquier occupé à faire des repères.

"N'y avait-il pas une épicerie là-bas ?" » demanda M. Clatfield.

"Oui, là où se trouve maintenant le grand bâtiment", répondit l'autre. "Tu te souviens du gros épicier qui nous vendait des pommes ?"

"Oh, oui," répondit le banquier, "et c'étaient aussi des pommes de première qualité. C'est étrange, mais je ne peux pas manger de pommes maintenant, elles ne sont pas d'accord avec moi."

"Non", a déclaré M. Wattles, "je suppose que non."

Les vitrines éclairées d'un grand magasin formaient une arcade de rayonnement dans la nuit trouble, créant une illusion de protection si forte qu'on se croirait à l'intérieur. La pluie se changeait en neige qui fondait sous les pieds mais pendait sur les cheveux, la barbe et les épaules des passants. Le long du trottoir, une rangée de brouettes exposait des jouets bon marché et des légumes de Noël à vendre.

« Vous souvenez-vous de la façon dont nous nous attardions dans les magasins, choisissions des cadeaux et imaginions que nous avions beaucoup d'argent ? » a demandé M. Wattles.

"C'était votre jeu", répondit M. Clatfield. "Je n'ai jamais pu imaginer quoi que ce soit. Je ne pouvais voir que les choses que tu m'as signalées."

Il sembla au banquier qu'à la place de son caissier d'âge moyen marchait à côté de lui un petit garçon étrange et alerte, aux cheveux hérissés et aux yeux perçants, et il se surprit à regarder autour de lui avec un vieil et vain espoir de pouvoir d'abord pour apercevoir quelque chose d'intéressant. Alors qu'ils tournaient dans une rue moins fréquentée, il demanda :

"Qu'est devenue la vieille femme qui fabriquait du caramel au beurre ?"

"Elle a fait le dernier en 81", répondit l'autre. "Les machines à sous ont mis fin à son activité."

"Vraiment?" commenta le banquier. "Cela semble dommage."

L'air devenait de plus en plus froid et les grains de neige dansants faisaient des auréoles autour de chaque réverbère.

"Ne ressemblent-ils pas à des essaims d'éphémères ?" fit remarquer M. Wattles. "On pourrait presque croire que c'est l'été."

"Oui, c'est possible", répondit M. Clatfield, "maintenant que vous en parlez."

A quelques pas d'une allée glissante, ils s'arrêtèrent devant une petite maison délabrée, la plus délabrée d'une rangée de petites maisons, dont chacune arborait la légende « Lavage terminé ».

« Entrez », dit le caissier en poussant la porte.

À l'intérieur, une grande femme de rechange se tenait, les bras nus et rouges, devant une baignoire sur une chaise en bois sans dossier. Par terre, au milieu des tas de linge attendant la baignoire, une portée de petits enfants roulait et culbutait comme autant de chiots. Des festons de chemises et de mouchoirs séchaient pendaient dans une atmosphère de vapeur et de mousse.

A la vue de M. Wattles, la femme se lança dans un flot d'explications et d'excuses. L'eau avait été gelée toute la semaine, le soleil avait refusé de briller, le bébé était malade. Il y avait une douzaine de raisons pour lesquelles il ne pouvait pas avoir ses colliers, comme l'orateur en demandait au Ciel d'en témoigner.

"Vous les auriez au cou en ce moment", a-t-elle déclaré, "si le travail pouvait les y mettre, car c'est moi qui ai besoin d'argent pour moi."

"Ahem!" dit M. Wattles, "je croyais que votre réclamation contre le chemin de fer vous avait laissé dans une situation assez confortable."

"Réclamer, n'est-ce pas ?" s'écria la blanchisseuse. "Réclamation contre le chemin de fer ? Ma foi, après m'avoir fait attendre pendant deux ans, ils m'ont expulsé du tribunal. Ils ont dit que Mike avait contribué à sa négligence et que cela lui avait bien servi."

"Cela semble un peu difficile", commenta prudemment M. Clatfield, car il était directeur des chemins de fer.

"C'est un petit reproche à toi, mais tu es un gentleman !" s'écria la blanchisseuse.

"Au moins, votre mari vous a laissé une petite famille", osa suggérer le banquier.

« Encore une négligence contributive ! dit M. Wattles dans un souffle.

"C'est tout ce qu'un corps doit faire pour les nourrir", déplora Mary Ann, "comme vous le savez peut-être bien vous-même, monsieur, si vous avez votre propre enfant."

"Je n'en ai pas", dit l'autre.

"Dieu te plaint!" » répondit la grande Mary Ann.

" Ah, cela me rappelle ", répondit M. Wattles, et en se rapprochant de la blanchisseuse, il expliqua : " Mon ami ici est le banquier, M. Clatfield. "

"Je suis fière d'être aujourd'hui", a-t-elle répondu avec courtoisie.

« Il n'a pas d'enfants, » continua M. Wattles, « mais il est très désireux d'en adopter un, et sachant que vous en avez plus que ce dont vous avez réellement besoin... »

"Qu'est-ce que tu dis?" » commença M. Clatfield, mais sa voix fut noyée dans l'éclat de la femme.

"Est-ce que c'est idiot que tu sois ?" elle a pleuré. M. Wattles poursuivit sans y prêter attention :

« Il est prêt à vous donner dix mille dollars pour un tel homme » – désignant avec sa canne une bosse animée sur le sol.

"Moi Teddy, n'est-ce pas ?" » Cria la mère en rattrapant la grosseur et en la déposant pour plus de sécurité dans une baignoire vide.

"Ou que diriez-vous à vingt mille personnes pour celui-ci ?" » persista M. Wattles, faisant à nouveau usage de sa canne.

"Bien sûr, c'est moi Dan," cria presque la femme, et une autre boule entra dans la baignoire.

"Eh bien, nous ne sommes pas disposés à nous disputer pour des bagatelles", poursuivit joyeusement M. Wattles. "Vous sélectionnez l'enfant et fixez le prix : vingt, trente, quarante mille dollars, le tout en espèces."

"Gwan, sors de là et prends ton argent sale avec toi !" s'écria Mme Murphy en roulant d'un air menaçant une chaussette mouillée en boule.

"Bien sûr, si vous pensez ainsi, nous n'insisterons pas sur cette question", dit froidement M. Wattles. "Bonsoir, Mme Murphy."

"Pas de chance pour une paire de vipères thavin'!" » a-t-elle appelé après leurs silhouettes en retraite. "Si j'avais ma force, tu n'irais pas loin."

"Je suis étonné de votre vision, Wattles", a déclaré M. Clatfield lorsqu'ils furent en sécurité au-delà de l'allée. "Je n'aurais pas donné un dollar pour tout ça."

"Non", a déclaré M. Wattles, "je suppose que non."

Les deux hommes marchèrent en silence pendant un moment, tandis que M. Clatfield s'efforçait de deviner le but de la plaisanterie inopportune de M. Wattles. Plus d'une fois, il aurait interrompu l'expédition s'il avait trouvé une excuse, et bien que le parcours fût quelque peu détourné, ils se dirigèrent d'une manière générale vers sa propre porte d'entrée, avec ses larges marches de marbre et ses lions de fer . Les gens dans la rue étaient peu nombreux et sans intérêt, les maisons ternes et monotones, chacune avec ses tons jaunes dessinés et ses impostes faiblement éclairées, et le banquier se félicitait de la vue de ce qui semblait être une sorte de rassemblement devant lui.

Ils étaient arrivés sur une place à trois, entourée de grands entrepôts et de magasins de gros, désormais bien fermés et barrés de volets en fer. Une file de camionnettes et de camions sans leurs chevaux occupait un espace ouvert en violation de la loi. De l'un d'eux, un homme s'adressa à un petit groupe de flâneurs inattentifs.

Le public changeait constamment à mesure que ceux dont la curiosité passagère était satisfaite s'éloignaient pour être remplacés par d'autres, mais l'homme ne semblait pas se soucier du nombre de personnes qui restaient pour écouter. C'était un jeune homme et son visage, sous l'éclat de la lumière électrique, rayonnait d'enthousiasme pour son sujet, quel qu'il soit. Le caissier s'est frayé un chemin dans la foule et M. Clatfield l'a suivi.

"Je pense qu'il préférerait parler à l'intérieur une nuit comme celle-ci", remarqua le banquier.

Le sujet de l'orateur était ancien, vieux comme l'arbre d'Eden, mais jamais les deux nouveaux venus n'avaient entendu un discours plus efficace. Peut-être que le décor de la place du marché, sombre et déserte, créait une illusion.

« Cet homme s'enrichit, s'écria-t-il, celui qui peut chaque jour ajouter un peu au surplus de son cœur... »

"Quels intérêts payez-vous?" » cria facétieusement un passant.

"Aucun", répondit le jeune homme. "Notre entreprise est une entreprise de participation aux bénéfices."

"Cela ne veut rien dire", a commenté M. Wattles ; "Mais c'était quand même une réponse de premier ordre. Ça a fait rire les gens."

"Je me demande pourquoi?" » a demandé M. Clatfield.

Le discours se termina aussitôt et l'assistance se dispersa, certains avec des seaux qui se balançaient et d'autres avec de minces manteaux étroitement boutonnés au cou.

"Ça fait du bien d'entendre que le monde ne s'en prend pas aux chiens", a fait remarquer un ouvrier costaud, "même si ce n'est qu'un excentrique qui le dit."

"Bonsoir", dit le jeune homme en sautant de son chariot et en atterrissant à distance de parole des deux aventuriers. "Je suis heureux de vous voir ici."

"Et nous sommes heureux d'être ici", a répondu M. Wattles. "Nous avons été très intéressés, en particulier mon ami M. Clatfield, le banquier."

M. Clatfield se redressa, car il jugeait une telle introduction inutile.

« J'ai souvent entendu parler de M. Clatfield, » dit simplement l'autre, « et je suis heureux maintenant de faire sa connaissance. Bonsoir, messieurs ; j'espère que vous reviendrez.

"Un instant, s'il vous plaît", intervint le caissier. « Nous ne vous retiendrons pas longtemps, mais mon ami ici présent a une proposition à vous faire. Il est sur le point de construire une grande église sur les Hauteurs, et il a hâte de trouver un prédicateur qui partage les opinions que vous avez si bien exprimées. Je vous demande, monsieur, si vous êtes libre d'entreprendre une telle charge ? »

Le visage du jeune homme rougit d'étonnement satisfait.

"Une église ?... et sur les Hauteurs ?" balbutia-t-il.

"Oui", a poursuivi M. Wattles, "une grande église, très grande. Je ne pense pas que vous seriez désolé d'abandonner ce genre de chose." Il fit un mouvement de tête vers le chariot.

"Est-ce que ce serait nécessaire ?" demanda le jeune homme.

"Naturellement", répondit l'autre. "Les deux pourraient difficilement être combinés."

« Dans ce cas, dit le prédicateur, je ne suis pas libre.

"Le salaire, j'aurais dû vous le dire, sera de vingt mille dollars."

"Pour ce montant, vous devriez trouver un homme de premier ordre", répondit le pasteur. "Je devrais vous conseiller de consulter l'évêque."

"Merci", dit M. Wattles, "et bonne nuit."

« Wattles », s'écria M. Clatfield, qui avait entendu la conversation avec un étonnement stupéfait qui le privait de la faculté de parler ; "Wattles, je n'ai pas la moindre idée de construire une église ni sur les Hauteurs ni ailleurs."

"Non", a déclaré M. Wattles, "je suppose que non."

"Je rentre chez moi", annonça le banquier.

"Très bien", approuvèrent les autres. "Nous allons traverser ici jusqu'à Main Street."

A Main Street, ils ont été retenus pendant plusieurs minutes au coin où se croisent les chariots, par la foule qui attendait les voitures ou se pressait autour de l'agent de transfert comme des moutons pour du sel. Ils semblaient ennuyeux et débraillés à M. Clatfield, tout comme tous les autres groupes qui y attendaient chaque nuit des tramways bleus, rouges ou jaunes. Mais les yeux du caissier allaient de face à face, plus en sélection qu'en recherche, et bientôt il poussa son compagnon pour attirer l'attention sur un couple qui se tenait un peu à l'écart des autres, à l'abri d'un petit parapluie inadéquat.

"Et eux ?" demanda le banquier avec colère. "Il n'est pas nécessaire de chercher bien loin pour voir un garçon et une fille."

L'homme dans ce cas était grand et robuste, et le fait qu'il ne portait pas de pardessus pouvait être attribué à des habitudes fatigantes. Mais comme M. Wattles l'a noté, il était le seul homme à ne pas avoir de journal du soir et il portait son chapeau derby inversé afin qu'un endroit usé sur le bord soit moins visible.

"Je parie que ce jeune homme est terriblement en difficulté", a remarqué M. Wattles.

"Tu ne veux pas que je l'adopte, n'est-ce pas ?" » a demandé M. Clatfield.

"Oh, non, mais regarde juste comment son épaule est trempée par les gouttes du parapluie mouillé."

"C'est la faute de la fille", a déclaré M. Clatfield. "Je suppose qu'il aimerait qu'elle soit à la maison."

C'était une fille simple avec des taches de rousseur sur le nez ; elle portait un panier à lunch et ses gants étaient blancs jusqu'aux coutures, mais tandis que le jeune homme lui murmurait quelque chose à l'oreille, même M. Clatfield pensa qu'il n'avait jamais vu un sourire plus attrayant. Lorsqu'une voiture bleue arriva, le jeune homme l'aida avec précaution à monter la marche, et en se serrant la main, ils rirent et firent un petit secret de cet acte. Tandis que la voiture roulait, le jeune homme courut se cacher jusqu'à l'auvent sous lequel se tenaient le banquier et le caissier.

"Bonsoir, monsieur", dit M. Wattles. "Je t'ai vu souvent à la banque."

"Oh, oui, en effet", répondit l'autre, très heureux d'être reconnu par un homme aussi grand que M. Wattles. "Je suis là tous les jours pour mes employeurs, Pullman & Pushings."

"Une excellente entreprise", a commenté M. Wattles. "Je comprends qu'ils paient généreusement leurs gens."

"Oh, quant à ça," répondit l'autre en riant, "c'est plutôt beau de payer dans des temps comme ceux-ci."

"C'est vrai", a répondu M. Wattles. "Les temps sont ennuyeux et ils risquent fort de s'aggraver."

"Oh, tu le penses vraiment ?" » demanda plutôt sagement le jeune homme.

"Bien sûr", répondit le caissier, "et si vous avez l'idée de demander une augmentation de salaire, je vous déconseille de le faire."

" Je suis très reconnaissant pour le conseil ", répondit l'autre, " parce que j'ai pensé... "

"Ahem!" toussa M. Wattles, l'interrompant. "Je veux vous présenter notre président, M. Clatfield."

Le commis junior a ôté son chapeau et l'a remis dans le bon sens par erreur. Dans sa confusion, il n'avait pas remarqué qu'Hiram Clatfield regardait glacialement au-dessus de sa tête ; il n'entendit que la voix du caissier continuer comme une musique enchantée :

" M. Clatfield cherche depuis un certain temps un secrétaire particulier. Le salaire serait proportionné à la responsabilité dès le début, et si vous vous révéliez être la bonne personne, mais bien sûr, nous ne ferions aucune promesse. Pensez-vous que vous seriez disposé à envisager une telle ouverture ?

"Devrais-je?" » haleta le jeune employé.

"Et au fait, tu n'es pas marié, n'est-ce pas ?"

"Non," dit le jeune homme, "je ne le suis pas, mais..."

"C'est bien", a poursuivi le caissier. "C'est très heureux, car M. Clatfield préfère que ses secrétaires confidentiels soient des hommes célibataires. En fait, il en fait une condition absolue."

"Qu'il le fait !" » répondit le jeune employé. "Alors il peut donner la place à n'importe qui sauf moi. Voilà ma voiture jaune. Bonne nuit et beaucoup d'obligations."

"Wattles", s'écria M. Clatfield, "êtes-vous devenu fou ? Je ne veux à aucun prix un secrétaire particulier !"

"Non", répondit M. Wattles, "je suppose que non."

Les tramways illuminés passaient en trombe. Le vent s'était levé jusqu'à ce que le grand parapluie de l'agent de transfert menace de s'envoler vers le ciel comme un parachute jaune. Déjà aux coins, le sol devenait blanc. Une horloge étouffée sonna quelque part sept heures.

"Wattles", dit M. Clatfield, "viens à la maison et dîne avec moi. J'aimerais parler de notre promenade."

"Je ne peux pas ce soir", répondit le caissier. "Je vais dîner avec un homme nommé Briggs."

M. Clatfield a essayé d'imaginer à quoi ressemblait ce M. Briggs et à quoi ressemblerait son dîner, mais dans les deux cas, il n'a pas réussi à faire une image parce qu'il n'a jamais pu imaginer quoi que ce soit.

"Viens au moins avec moi jusqu'à la porte", dit-il.

Ce n'était pas loin de l'endroit où les lions de fer étaient accroupis, et bientôt les deux hommes se tinrent devant eux, se serrant la main.

"Bonne nuit", dit M. Clatfield. "Cela s'est passé comme au bon vieux temps. Je suppose que vous ne serez pas à la banque demain ?"

"Je serai là une heure peut-être pour finir du travail", répondit le caissier. "Y a-t'il quelque chose que je puisse faire?"

Il sortit de sa poche un carnet de notes. Tenant la page à la lumière d'un réverbère, ses yeux tombèrent sur de petits personnages soigneusement dessinés au crayon.

"Au fait," dit-il, "j'ai compris votre problème. Dix millions de billets d'un dollar mis bout à bout atteindraient cent dix milles, quarante-huit centièmes et une fraction."

"Merci", a déclaré M. Clatfield.

« En timbres de deux cents... » continua le caissier, mais son employeur
intervint.

"Peu importe les timbres", dit-il. "Demain, si vous avez le temps, je voudrais
que vous tiriez trois chèques sur mon compte privé."

"Trois chèques…" répéta M. Wattles, se préparant à prendre une note.

"Pour vingt mille chacun, non, faites-en cinquante mille chacun."

« Pour cinquante mille dollars chacun… et payable à… »

M. Clatfield hésita un instant, puis poursuivit désespérément :

"Un à l'ordre de la grande Mary Ann, un au prédicateur et un au nom de la
fille avec des taches de rousseur sur le nez."

Le caissier s'arrêta et, pour la première fois de sa longue carrière, osa
contester les instructions.

« Hiram, dit-il, quel mal vous ont-ils fait ?

M. Clatfield ne répondit pas, mais resta silencieux, enfonçant sa canne dans
la gueule ouverte du lion de fer.

L'INVITÉ D'HONNEUR

"Lettres d'introduction !" Clara soupira. "On ne peut s'empêcher de souhaiter qu'ils soient considérés comme des délits comme les autres billets de loterie." Et ceci étant sa troisième remarque d'importance similaire, la curiosité devint pour le moins excusable. Alors Mme Penfield caressa un manchon en zibeline avec une sympathie silencieuse.

"Nous en avons reçu une hier de la tante de Jack à Boston", poursuivit sa charmante hôtesse, "une Mme Bates, qui nous envoie continuellement des spiritualistes ou des peintres de miniatures, ou des réfugiés arméniens, simplement parce que nous avons passé environ une semaine avec elle. l'été où les enfants avaient les oreillons. Pendant le carême, ça ne dérange pas, on cherche plutôt les épreuves, mais maintenant, on n'a plus vraiment sa table à dîner. Maude, laisse-moi te donner une autre tasse de thé, c'est terriblement mauvais, je je sais ; nous devons l'acheter aux filles Dunbar. Si seulement nos amis ne vendaient pas de choses, nous devrions boire !"

"Une si charmante petite théière rendrait n'importe quel thé délicieux, j'en suis sûre", murmura Mme Penfield, et la conversation se termina tandis qu'un domestique silencieux entra, mit du bois sur le feu et alluma une ampoule électrique dans une coquille opalescente. Une odeur de fleurs coupées flottait dans l'air et une bouffée exotique de muffin.

Mme Fessenden, après avoir préparé le thé, se laissa tomber une fois de plus parmi les coussins et tendit ses petits pieds vers le feu.

"Je ne suis pas chez moi, Pierre", annonça-t-elle.

"Parfaitement, Madame", répondit le serviteur, comme si l'absence allait de soi.

Mme Penfield réfléchit et sirota une gorgée.

"Certaines femmes sont tellement inconsidérées lorsqu'elles sont vieilles", a-t-elle rappelé.

"Et c'est aussi le cas de la plupart des hommes quand ils sont jeunes", répondit la dame aux coussins, "et Jack, bien que gentil à bien des égards, ne fait pas exception. Quand je lui demande de m'aider en ayant des hommes inattendus qui doivent être nourris pour déjeuner à "Au club, il dit que le champagne à midi lui donne l'apoplexie. Et donc nous devons inviter un inconnu à notre plus beau dîner."

"Quel inconnu ?" » demanda Mme Penfield, et Clara soupira.

"Un M. Hopworthy", répondit-elle. "J'imagine, si vous le pouvez, un homme nommé Hopworthy."

Mme Penfield a essayé et échoué.

"Qu'est-ce qu'il aime?" elle a demandé.

"Je n'en ai aucune idée. Il a appelé ici hier à trois heures - imaginez un homme qui appelle à trois heures ! et Jack a insisté pour l'inviter pour demain soir - et j'ai dû y réfléchir tellement. demain soir!"

"Bien sûr qu'il vient", a mis Mme Penfield; "De telles personnes n'envoient jamais de regrets."

« Ou des acceptations non plus, semble-t-il, » répondit son amie ; "Le misérable n'a même pas répondu, et bientôt il sera trop tard pour même trouver une fille d'urgence."

"Oh, on peut toujours effrayer une fille," dit l'autre pour la consoler.

Pierre entra avec un petit plateau en argent.

"Un mot, s'il plaît à Madame", annonça-t-il. Peut-être que Madame avait plu à un ananas ou qu'un cobaye aurait pu arriver. Lorsqu'il se fut retiré, Madame déchira l'enveloppe. Une bouffée de plaisir la rendait encore plus charmante.

"Hopworthy a été grièvement blessé !" cria-t-elle presque avec exultation.

"Et combien d'anxiété tu as eu pour rien, ma chérie !" » dit Mme Penfield en se levant. « Très souvent, les choses se passent bien mieux que ce que nous osons espérer. Que dit-il ?

" Oh, seulement ceci ; il écrit abominablement ", et Clara lut :

> CHÈRE MADAME FESSENDEN :
>
> Je vous l'assure, rien de moins qu'une blessure grave ne pourrait m'empêcher de profiter de votre charmante invitation pour mercredi soir....

"Oh, Maude, tu ne peux pas imaginer à quel point c'est un soulagement !"

"Mais…" commença Mme Penfield et fit une pause, tandis que Clara, pliant la note, l'écrivait délibérément en deux.

"Je ne pense pas qu'il ait été gravement blessé", a-t-elle déclaré après réflexion. "Il ne voulait tout simplement pas venir. Imaginez un homme qui invente une telle excuse !"

"Mais…" commença encore une fois Mme Penfield, lorsque Mme Fessenden s'interposa.

"J'espère ne plus jamais entendre son misérable nom", a-t-elle déclaré. "Maude, chérie, tu n'oublieras pas demain soir ?"

"Pas à moins que Butler ne m'oublie", a déclaré Mme Penfield, ce qui a fait rire les deux dames du rire qui complète une agréable visite.

"Jack," murmura Clara, "s'il te plaît, compte et vois si tout le monde est là ; il devrait y en avoir vingt."

C'était mercredi soir, et le salon colonial du Fessenden abritait une assemblée destinée à faire briller de satisfaction la poitrine enneigée de toute hôtesse, en particulier d'une hôtesse possédant un pouce de moins de taille et un pouce de plus de mari que n'importe quelle dame présente.

"Exactement vingt," annonça Jack ; "Enfin, si l'on compte l'Envoyé et la Comtesse chacun pour un seul, ce qui ne semble pas tout à fait respectueux."

"S'il vous plaît, n'essayez pas d'être stupide", a déclaré sa femme, soupçonnant injustement un stimulant.

Pour elle, la fonction était une réalisation sérieuse, bien proportionnée, complète dans toutes ses parties ; du diadème de Mme Ballington - une constellation jamais connue pour briller dans des atmosphères sociales brumeuses - aux extraordinaires bottes étrangères de l'Envoyé Extraordinaire. Même la comtesse, qui portait ce qui était en fait une robe de thé solférino avec une insouciance noble, n'était pas une note discordante. Tout le monde savait que les vingt malles inestimables de la comtesse étaient allées par erreur à Capetown, et sa présence faisait du joli salon un *salon*, tout comme la présence de l'envoyé rendait l'occasion cosmopolite. Lorsque la massue de mandoline dans la salle entonna un fandango endiablé, aucun menton pointu dans toute la ville ne prit une inclinaison plus fière que celui de Clara Fessenden.

L'envoyé extraordinaire venait de laisser tomber non moins un secret diplomatique que, selon lui, une certaine guerre finirait par se terminer en paix, lorsque Mme Penfield, qui se trouvait à proximité, demanda :

"Oh, Clara, avez-vous entendu parler de ce M. Hopworthy ?"

"Ne me parle pas de lui !" rétorqua Clara, assombrie. "Quand Jack a appelé à son hôtel pour laisser une carte, il a eu l'effronterie de sortir. Imaginez-vous, et nous lui avions presque envoyé des raisins !"

"Mais…" commença Mme Penfield.

Pierre était à la porte ; une main derrière lui tenait l'orchestre en échec.

« Madame est servie », dit-il avec ses lèvres, mais arrivé à « Madame », il se trouva effacé par quelqu'un qui entra précipitamment, un grand jeune homme avec des cheveux et des dents trop abondants, mais par ailleurs permis.

Le nouvel arrivant s'arrêta, sonda pour ainsi dire, devina l'hôtesse et s'avança vers elle avec la main tendue. C'était évidemment un de ces petits incidents amusants qu'on appelle « contretemps », qui se produisent souvent là où les portes d'entrée se ressemblent beaucoup et où les gens de gauche ont d'étranges connaissances.

"J'espère que je ne suis pas en retard", commença aussitôt le maladroit. "C'était si gentil de votre part de penser à moi; si tout à fait charmant, si délicieux." Ses yeux étaient sombres et perçants, sa large bouche ouverte, qui semblait moins prononcer que fabriquer des mots, donnait l'impression d'une étonnante puissance productive, et Clara, bien que désolée pour un semblable voué à une illumination grossière, était heureuse qu'il soit ne pas faire partie de son petit dîner bien ordonné. Mais pendant que ses invités attendaient, elle fit un léger mouvement d'impatience à son éventail. Les autres continuèrent leur route sans observer.

« On peut si peu dire de son plaisir dans une note blessée, mais je vous assure, ma chère Mme Fessenden, rien de moins qu'un grave accident… »

Où avait-elle déjà rencontré cette formule ?

"Oh, M. Hopworthy!" » elle a répondu avec un sourire, un sourire automatique, autorégulé et auto-ajusté, comme la phrase qui a suivi : « Je suis si heureuse que vous ayez pu venir. Et se tournant vers son mari, elle annonça, trop gentiment pour laisser planer le doute sur son état d'esprit :

"Jack, voici M. Hopworthy, le vieil ami de ta tante."

Avec ses yeux, elle ajouta :

"Démon, garde ton travail!"

Jack saisit la main de l'étranger et la serra chaleureusement.

"Je suis content que tu sois à nouveau dehors", dit-il. "Maintenant, dis à ma femme comment tu as quitté tante Bates." Et en disant cela, il recula vers la porte, car il pouvait se montrer débrouillard à l'occasion. Deux minutes plus tard, lorsqu'il réapparut, son visage était enveloppé de sourires.

"Tout est serein", murmura-t-il à sa femme. "Ils se sont entassés dans un autre endroit de votre côté. Nous allons en tirer le meilleur parti."

Peut-être Clara pensa-t-elle que les choses à exploiter étaient le plus souvent entassées chez elle, mais elle n'eut pas le temps de le dire, car Pierre avait repris sa place : Madame était servie.

Jack menait, bien sûr, avec la scintillante Mme Ballington, il ayant catégoriquement refusé d'accueillir la comtesse. Le point de vue de Jack a toujours été masculin et souvent élémentaire.

La comtesse a suivi avec un certain M. Walker, qui collectait des œufs et qui était censé être né en mer, ce qui le rendait intéressant d'une certaine manière. Puis vint Maude Penfield, précédant Lena Livingston, selon le tonnage des yachts de leurs maris. En vérité, tout le cortège donnait dans tous les rangs de nouveaux témoignages de la bienveillante prévoyance de Clara. Pour elle, elle n'avait pas seulement l'Extraordinaire, mais, par un destin pervers, un autre.

"M. Hopworthy", expliqua-t-elle en mettant en jeu les deux fossettes, "une fille très charmante nous a déçus. J'espère que cela ne vous dérange pas de marcher trois de front."

Les contrevérités de Clara n'ont jamais été compromises. Quand il fallait le leur dire, elle le leur disait, dédaignant de garder son score immaculé par subterfuge. "Bien que l'Ange de l'Enregistrement soit strict", disait-elle souvent avec une foi enfantine, "je suis convaincue qu'il est bien élevé."

L'agréable battage autour des cartes du dîner se terminait comme il se doit par le fait que chaque invité se trouvait à côté des personnes les plus désirées — chaque invité, mais pas l'hôtesse. Car l'ingéniosité de Jack ayant obtenu la place supplémentaire, s'était arrêté net, et son réajustement des cartes, qui avait été fortuit, avait amené l'envoyé à la gauche de Clara et donné à M. Hopworthy le siège d'honneur.

Clara hésita un instant, espérant contre tout espoir que quelqu'un tomberait malade, à peu près tout ce qui pourrait créer l'occasion d'un changement de carte. Mais alors qu'elle doutait, la diplomate s'est assise avec diplomatie. Au-delà de lui, la comtesse enlevait déjà ses gants comme s'il s'agissait de bas, et plus loin le monsieur né dans la mer semblait heureux de trouver son petit pain si semblable à un œuf.

C'était une de ces tragédies inédites, connues seulement des femmes. Les échecs d'un homme laissent des ruines qui témoignent de ses efforts ; l'édifice de toile d'araignée d'une femme s'effondre sans compression, quelles que soient les peines que sa construction puisse avoir coûté.

"Je vous ai donné ce siège", dit Clara au diplomate avec une confiance en soi, "parce que la fenêtre de l'autre côté laisse entrer un parfait courant d'air."

"Une boisson des plus aimables pour me rapprocher du cœur de mon hôtesse", répondit-il, beaucoup trop proprement pour ne pas avoir dit quelque chose de ce genre auparavant.

Heureusement, l'envoyé et la comtesse appréciaient les huîtres, et avant que la soupe n'arrive, Clara, extérieurement redevenue elle-même, pouvait tourner un visage souriant vers son invité indésirable. Mais M. Hopworthy se penchait vers Maude, qui semblait très amusée. L'homme entre eux aussi, ainsi que plusieurs autres.

Il avait déjà commencé à se faire remarquer. Les gens à la bouche large se font toujours remarquer. Elle avait l'impression que Maude se réjouissait de sa déconfiture. Elle le détectait dans chaque note du rire bien modulé de Maude, et si un échange de verres avec l'étranger avait été sûr des résultats florentins, Clara aurait été confrontée à une terrible tentation. En fait, elle a demandé à l'envoyé s'il avait vu le Salon de l'automobile.

Il l'avait fait, et par chance, les machines étaient son sujet de prédilection, un sujet sûr, laissant peu de place à la discussion. De la machinerie, on passe par certaines étapes aux choses ainsi créées, la soie, les chaussures et les livres, et on arrive enfin, comme Clara, à l'argenterie et aux bijoux, aux perles et aux émeraudes. Et là, la comtesse, qui se méfiait de la tortue, intervint.

Elle avait connu une émeraude plus grosse qu'un œuf : M. Walker leva les yeux avec espoir. Il avait été déposé par la royauté aux pieds de la beauté – M. Walker, qui s'apprêtait à parler, reprit ses recherches et la comtesse garda la parole.

Elle portait un bracelet offert par un potentat, dont le titre suggérait du tabac à priser, en récompense d'un grand dévouement à sa cause, et son exposition occupait un cours.

Pendant ce temps, l'hôtesse, comme avec des oreilles astrales, entendait des bribes de conversation autour d'elle.

"Et le pensez-vous vraiment, M. Hopworthy ?"

"Oh, M. Hopworthy, étiez-vous réellement là ?"

"S'il vous plaît, dites-nous votre opinion———"

De toute évidence, la connaissance de la tante de Jack était attirée, encouragée à se montrer, ridiculisée, en fait ! Cela venait du fait que Maude Penfield avait été mise en confiance. Il y avait toujours une trace de quelque chose de pas vraiment agréable chez Maude. Alors que Clara, avec son œil mental, voyait la large bouche hopworthienne en action, elle sentit - l'instinct féminin en pareil cas est infaillible - que Butler Penfield chérissait chaque phrase en vue de représailles futures au club, et Lena Livingston, qui ne riait jamais, quel rire. Après tout, si les étrangers sont souvent ennuyeux, du moins n'ont-ils pas un sens de l'humour démesuré.

« Mon Ordre du Taureau m'a été donné à vingt-six ans », racontait l'Envoyé, et bien que l'histoire fût longue, Clara l'écoutait avec des yeux flottants.

"La diplomatie est aussi pleine d'intrigues qu'un œuf de viande", conclut-il, et une fois de plus M. Walker leva les yeux avec espoir.

Une fois de plus, l'hôtesse se força à se tourner avec un semblant d'attention vers sa droite. Mais M. Hopworthy ne semble pas avoir remarqué la concession. Il ne semblait rien remarquer. Il haranguait, haranguait réellement, inconscient que tous ceux qui entendaient sa voix résonnante le regardaient avec une moquerie ouverte. Jack, au loin, trop loin pour comprendre la vérité, montrait son insouciance habituelle, car les idéaux de Jack étaient satisfaits si à sa table les gens mangeaient suffisamment et parlaient. Et peut-être que c'était mieux que Jack ne comprenne pas.

« Pour illustrer », disait l'orateur – imaginez un homme qui dirait « pour illustrer ». "Ce vin est, pour ainsi dire, dyophysite" - ici M. Hopworthy leva son verre et regarda autour de lui d'un air fantaisiste - "possédé de doubles potentialités contenant des germes d'antipathies absolues -" Même Jack, aurait-il pu entendre, devait en avoir ressenti la suggestion de germes dans son champagne.

"Peut-être préféreriez-vous manger un peu de Bourgogne avec votre canard", suggéra Mme Fessenden avec un courage héroïque, et M. Hopworthy arrêta immédiatement le fil de ses pensées.

"Oui, Madame," répondit-il, "voilà vous ravivez une ancienne controverse."

"Je suis sûre que je ne le voulais pas", dit Clara avec regret, et M. Hopworthy sourit de son sourire le plus ouvert.

"Une controverse", a dessiné Lena Livingston, "comme c'est très étrange !"

"C'était effectivement le cas", approuva M. Hopworthy, et il poursuivit: " Autrefois, comme vous le savez, les poètes de Reims et de Beaune se livrèrent une guerre en vers sur les revendications respectives du vin blond et de la brune, et la lutte devint si amère. que plusieurs provinces prirent les armes et que Louis XIV fut contraint de faire la guerre pour maintenir la paix. »

C'était une pure méchanceté de la part de Maude de montrer un intérêt si marqué pour une déclaration aussi absurde, et c'était diabolique du reste d'encourager M. Hopworthy. Même l'orateur le plus insistant arrive à temps pour se taire si personne ne l'écoute.

"Oh, M. Hop... Hop... Hopgood", s'écria la comtesse, "si vous êtes un savant, peut-être connaissez-vous mon Axel !"

"Et as-tu déposé un brevet pour ton axel ?" » demanda le diplomate dont l'esprit se tourna vers la mécanique.

La comtesse le favorisa d'un coup d'œil à travers ses lorgnettes, cadeau du roi de Crète exilé, et emmena aussitôt son sac et ses bagages vers le camp ennemi. Car, bien sûr, le jeune comte Axel était connu de M. Hopworthy, ou du moins il le déclarait ainsi.

"S'il vous plaît, dites-moi comment vous avez gagné votre Ordre du Taureau", dit Clara au diplomate, son seul espoir.

"Je pense que je l'ai mentionné tout à l'heure", répondit-il, et la conversation périt.

Et ainsi se termina le dîner, sombre succession de triomphes démolis. Lorsqu'après un éon ou deux Clara donna le signal de la retraite, elle chercha son propre reflet dans le verre pour s'assurer que ses cheveux étaient toujours bruns normaux.

"Clara", dit Mme Penfield, lorsque les dames furent seules, "vous auriez pu au moins nous prévenir qui nous devions rencontrer."

Mme Fessenden se redressa. Son souffle était rapide, ses yeux étaient brillants et elle avait presque atteint la limite de la tolérance envers Maude.

"Mme Penfield—" commença-t-elle avec dignité, mais Maude l'interrompit.

"Je devais être un bébé pour ne pas reconnaître ce nom."

Clara hésita, vérifiant le mot sur ses lèvres, car avec son ancienne amie, être inélégant, c'était être sincère.

"Je ne comprends pas", substitua-t-elle prudemment.

« Dire, ma chère, que tu es le premier d'entre nous à capturer Horace Hopworthy et à me le cacher ! s'écria Maud.

"Je suis sûre d'avoir mentionné que nous espérions l'avoir", murmura Mme Fessenden.

"C'est si gentil de votre part de nous faire une telle surprise, c'était vraiment délicieux", a dessiné Lena Livingston.

"Votre maison est toujours un tel Joppé pour les génies à succès", a déclaré Mme Ballington, "ou est-ce la Mecque ? J'ai oublié lequel. Comment avez-vous appris qu'il était en ville ?"

"Les parents de Jack à Boston nous envoient toujours des lettres aux personnes les plus charmantes", répondit Clara. "On prend un café sur le balcon ? Les hommes rient donc dans le fumoir on ne peut pas parler ici avec aucun confort."

Plus tard, une heure plus tard, lorsque la dernière portière eut claqué, Jack alluma une cigarette et dit :

"Ce type Hoppy semblait avoir du succès."

Clara bâilla.

"Oui, c'était une découverte plutôt heureuse", dit-elle, "mais, Jack, nous devrions vraiment prendre une revue littéraire."

L'HOMME SANS PENSION

C'était un petit homme élégant, avec une barbe grise pointue, et il portait des culottes et des guêtres de chasse rousses, presque neuves. Un alpin enjoué est perché sur sa tête, et alors qu'il poursuit son chemin prudent le long du bord du canon, il serait difficile d'imaginer quelqu'un moins en contact avec son environnement. Il semblait incertain de la piste, méfiant envers lui-même ou peu habitué à l'atmosphère montagnarde, car dans les cent derniers mètres du camp, il s'arrêtait toutes les douzaines de pas pour écouter ou reprendre son souffle.

Il n'y avait aucun bruit nulle part sauf le gémissement des pins, et aucun mouvement sauf le tremblement perpétuel dans les sous-bois de trembles. Les plus grands arbres se rejoignaient presque au-dessus du canyon ; le moindre s'accrochait au bord, se penchant au loin pour capter le soleil et envoyant des lumières et des couleurs brisées vers l'eau loin en contrebas. Contrastant avec le crépuscule immuable et la solitude sans limites de la forêt, la prairie où étaient dressées les tentes semblait flamboyer de lumière, et les trois petits abris prenaient l'importance d'un habitat dont les habitants visibles étaient un couple de pies des montagnes possédant un esprit d'investigation oisif.

Le petit homme toussa d'une toux sèche et insuffisante pour annoncer son approche, tandis que son pied délogea un caillou qui, faisant vibrer le canon, envoya les pies au sommet d'un arbre avec une terreur affectée. A l'abri de sa main, il jeta un coup d'œil sur le camp qui maîtrisait son petit éventail de détails sans importance ; deux tentes, grandes ouvertes, révélaient des dortoirs élémentaires pour une demi-douzaine d'hommes, de grossières couvertures recouvrant des tas de brindilles et d'aiguilles de pin, le strict nécessaire d'un bivouac. La troisième tente était fermée.

Visiblement perplexe, le visiteur resta immobile. Si quelqu'un l'avait observé, par exemple derrière la toile en lambeaux de la tente fermée, il aurait dû ressembler à un petit homme nerveux et inquiet. Il y eut un bruit qui aurait pu être un rire moqueur ou celui d'une pie dans les arbres. Le visiteur contrôla un sursaut et serra les mains comme pour rassembler son courage. Puis, d'une voix forte, comme quelqu'un qui lance un défi, il a crié : « Y a-t-il quelqu'un ici ?

La voix résonnait pour un si petit corps, et les échos captaient avec impatience le dernier mot et le renvoyaient, clair du canon, faible d'où les pics de neige coupaient le bleu, profond du creux du bois. "Ici ici!" comme si une armée dispersée répondait à un appel. Immédiatement suivit un autre « Ici ! » plus fort. clairement pas un écho, et un rire bourru et disgracieux.

La multitude des réponses a dû dérouter l'inconnu, car il regardait partout autour de lui, presque bêtement, sauf vers la seule cachette possible. Il fallut un second rire narquois pour le guider vers la tente dont le rabat entrouvert dissimulait le seul gardien du camp, un homme si grand que dans son petit abri il donnait l'impression d'un gros animal mal encagé ou pris au piège. Ses cheveux noirs tombaient sous les oreilles ; ses mâchoires étaient cachées par une épaisse barbe coupée en carré, par quelque fantaisie fantaisie, comme les barbes sculptées des bêtes assyriennes à tête humaine.

"Ahem ! Je vous demande pardon," commença le petit homme après une autre toux.

"Que veux-tu?" » répondit l'autre sans lever les yeux. Il se penchait au-dessus d'un moule à pâte en fer blanc, pétrissant presque violemment la pâte souple, avec les jointures rouges nouées et les avant-bras nerveux.

"Mon nom", répondit le visiteur, "est Sands, professeur Sands de l'Université Charbridge."

L'homme dans la tente a roulé sa pâte en boulet de canon et l'a tenu à bout de bras. "Sables", répéta-t-il. "L'Université Charbridge ?" Et frappant sa pâte avec sa paume comme s'il pouvait apprécier une plaisanterie, il ajouta : "Eh bien, tu as l'air !"

Il s'essuya les mains sur une bande de toile de jute qui lui servait de tablier et regarda délibérément le nouveau venu. "Comment as-tu pu arriver si loin de chez toi tout seul ?" » a-t-il demandé avec une insolvabilité ouverte. Une vue plus complète de son visage révèle des tons de rouge incongrus au niveau des racines des cheveux et de la barbe, ainsi qu'une longue cicatrice sur la joue gauche.

"Je suis lié à notre expédition géologique", a expliqué le professeur Sands avec concision. "Nous campons dans la vallée, et ce matin j'ai osé explorer le canon par moi-même, et j'ai été tenté plus loin que je ne l'avais prévu."

Le grand homme posa ses mains sur ses cuisses et s'appuya contre le poteau de la tente. "Alors c'est tout?" » commenta-t-il avec condescendance. "Eh bien, si j'étais toi, je resterais au camp et je n'irais pas errer dans les bois où tu pourrais te perdre."

"Tout à fait", acquiesça volontiers le petit homme; "mais on m'a dit que je devrais sûrement tomber sur le relevé ferroviaire quelque part dans le canyon, et j'ai eu vos pieux pour me guider. Les ingénieurs travaillent sans doute quelque part près d'ici ?" ajouta-t-il en ôtant son chapeau pour rafraîchir sa tête avec ses fins cheveux gris.

L'autre cracha et regarda son visiteur avec un mépris amusé. "Nous ne construisons pas de chemins de fer autour du feu", a-t-il déclaré. "Les garçons travaillent près de la limite forestière et ne reviendront qu'à la tombée de la nuit, et le conducteur est parti à Freedom City pour creuser davantage."

"Euh!" fit remarquer le scientifique. "Alors nous sommes tout à fait seuls. Je vais me reposer un peu, si je peux."

Il déposa une musette militaire qu'il portait en bandoulière sur un rocher plat juste devant la porte de la tente et s'assit à côté. — Mes spécimens géologiques sont plutôt lourds, poursuivit-il en s'essuyant le front. "Avec votre permission, j'aimerais les étiqueter avant d'oublier leur identité."

L'autre, les mains dans les poches de sa salopette, fit un pas voûté au-delà de la tente pour ignorer le contenu du sac tel qu'il apparaissait : un petit marteau de tri en acier, un tas de morceaux de flotteurs cassés et une grande fiole à couvercle argenté. Il regardait le géologue trier ses spécimens avec un intérêt vain mêlé de mépris, pour le métier qu'il ne comprenait pas, pour le mouchoir impeccable, pour la faiblesse physique de l'homme lui-même.

"Je suppose que c'est une sorte d'acide que tu as dans ta bouteille ?" spécula-t-il à présent.

"Je vous demande pardon?" demanda le professeur absorbé par son travail ; puis il ajouta alors que le sens de la question lui parvenait : "Ah, la flasque ? Non, elle contient du whisky. J'en ai toujours une provision en cas d'accident." Sifflant doucement, il désigna un autre spécimen, ignorant l'approche plus rapprochée de son hôte.

"Partenaire," suggéra ce dernier, "si tu veux manger un morceau, tu n'as qu'à le dire. C'est les manières de la montagne."

Le professeur leva les yeux maintenant et avec une étrange intensité dans son regard ; il ne faisait aucun doute que son esprit était toujours tourné vers ses spécimens. "Vous êtes très gentil, j'en suis sûr," répondit-il courtoisement ; "mais j'ai déjà déjeuné avec mes sandwichs. Merci, M.——" Il s'arrêta pour trouver un nom.

Les autres rirent avec une amabilité retrouvée. "Vous n'avez pas besoin de moi", dit-il. "Je m'appelle Budd, Jim Budd le Scorcher, et si un homme du camp n'aime pas ma nourriture, il a le privilège d'avoir faim."

"Ah, tout à fait, tout à fait", répondit le scientifique. "Je suis sûr que votre cuisine est excellente."

" C'est ce que les garçons m'ont dit ", répondit le brûlant ; "Mais, par le sang ! Je les ai instruits. Je vais juste leur préparer des biscuits à élever, et ensuite nous discuterons." Il rentra dans la tente en boitant sensiblement, et de l'intérieur on entendait sa voix mêlée au cliquetis des ustensiles dans une dénonciation blasphématoire de tout ce qui l'entourait. Lors de cette explosion, le scientifique de Charbridge a fait une expérience assez singulière.

Il se leva, et après un regard prudent derrière lui, il rampa jusqu'au bord du précipice, baissa les yeux sur l'eau tourbillonnant sur les rochers déchiquetés bien en contrebas, et arrachant un gazon grillagé, le laissa tomber, et le regarda couler et réapparaître dans des pailles simples qui tournaient et coulaient à nouveau. Cela fait, il retourna à ses spécimens.

Le pibrock de vitupération du Scorcher s'était maintenant transformé en un chant sans mélodie, à peine moins vindicatif dans sa cadence :

Le vieux John Rogers a été brûlé vif ;

Sa pauvre femme a pleuré jusqu'à ce que son cœur se brise !

chantait-il, et le visage écoutant du professeur prenait une expression qui ne convenait pas au doggerel insignifiant, l'air de quelqu'un qui répond à un appel inexorable.

"'Jusqu'à ce que son cœur se brise !'", murmura-t-il. Mais lorsque Budd réapparut, il demanda seulement s'il s'intéressait à la géologie.

"Je le suis si c'est du genre à contenir de l'argent", répondit le cuisinier.

"On ne cherche pas d'argent dans les formations gréseuses", explique le professeur.

"Voulez-vous me dire que le Tout-Puissant ne pouvait pas mettre de l'argent dans cette roche rouge ici ?" » demanda Jim, depuis la pierre sur laquelle il s'était assis.

"Non," répondit prudemment le professeur: "Je dis seulement que non. Cependant, voici un peu de quartz———"

"Dire!" interrompit le cuisinier, "Je suis beaucoup plus intéressé par le spécimen que vous avez dans cette bouteille." Il regardait le bouchon poli du flacon.

"En effet, n'est-ce pas ?" l'autre eut un sourire tolérant. "Alors peut-être me ferez-vous l'honneur..."

Budd saisit le flacon sans seconde invitation et le porta à ses lèvres. Il buvait comme les mourants boivent de l'eau, et quand il s'arrêtait, faute de souffle, son visage était enflammé, à l'exception de la cicatrice blanche. Tandis qu'il abaissait la bouteille, il rencontra le regard curieux du professeur et se tortilla avec inquiétude devant lui.

"Dis, partenaire," remontra-t-il, "ton whisky va bien ; mais je suis pendu si j'aime ton œil ! Par le sang ! ça va contre moi !"

"Je vous demande pardon", dit le professeur sans détourner le regard. "J'ai l'habitude d'observer de près. Et," il offrit à nouveau la flasque, "plus vous en buvez, moins j'aurai à en rapporter à la maison."

Budd en versa une généreuse portion dans une tasse en fer blanc et regarda pensivement le capuchon brillant. Sa remarque suivante, adoucie par le whisky, était d'une candeur éclatante. "Dis ! Si je t'avais fait venir, comme j'avais l'intention de le faire quand tu es arrivé sur le sentier, pense juste à ce que j'aurais manqué !"

"Et donc tu avais envie de me faire venir ?" demanda l'autre. "Puis-je demander pourquoi?" Ayant terminé son étiquetage, il fut libre d'observer encore plus attentivement son compagnon.

"Il y a des abatteurs qui rôdent dans le bois dont je n'ai pas besoin", expliqua le cuisinier en buvant. "Mais tu vas bien ! Tu n'as pas de cigare à portée de main, n'est-ce pas ?"

Le scientifique était bien approvisionné et, tandis que le cuisinier mordait le bout d'un gros cigare noir, il soupira de satisfaction.

"Je ressens des horreurs parfois", a-t-il expliqué. "Je suis aussi effrayant qu'un lapin à queue blanche. De toute façon, ces aspics tremblants suffisent à rendre fou un homme."

"Rien de tel qu'un peu de whisky dans de tels cas", remarqua le professeur en remplissant la tasse allongée.

"Si cela continue, l'un de nous risque de se saouler", a fait remarquer Budd. "C'est une de vos flasques très pratiques. Vous venez de New York ?"

"De Richmond, je crois", répondirent les autres. "Mon frère l'a trouvé sur un champ de bataille et me l'a renvoyé chez moi."

"J'ai cru comprendre que tu n'étais pas là toi-même," rigola le Brûleur.

"Non", a déclaré le professeur Sands. "J'étais en mauvaise santé à ce moment-là."

"Comme beaucoup d'autres", éternua Budd. "Je ne me sentais pas bien moi-même, mais j'ai tenu bon jusqu'à ce qu'ils me frappent à la jambe - les chiens ! - et me mettent en faillite."

"Bien sûr, vous touchez une pension", hasarde le professeur.

"Non", dit le cuisinier, "je n'ai jamais demandé de pension. Ils en ont donné une à presque tous les hommes qui n'étaient pas morts quand la guerre a éclaté, mais aucun projet de loi n'a encore été adopté pour m'inclure dans cette pension. ".

"En effet?" Son auditeur était poliment observateur.

"Oui, c'est la vérité", reprit le cuisinier. "Je déclare que je me sens vraiment idiot ou idiot ou quelque chose comme ça. Ils ont retiré chaque battement qui revenait avec un sac à dos rempli de montres rebelles, mais ils ont laissé de côté le vieux Jim. Il ne porte pas de médailles; il ne défile pas le jour de la décoration. pour disperser des bouquets ; il ne reçoit pas de bière gratuite pendant que le groupe joue « Georgia » – « Hourra pour le drapeau qui nous rend libres ! » », a-t-il scandé d'une voix rauque. "Vive le Diable ! voilà ce que je dis. Vive l'homme sans pension !"

"Vous m'intéressez", intervint le professeur Sands.

"Oh, n'est-ce pas ?" s'écria le cuisinier. " Par le sang ! J'ai envie de t'intéresser davantage. Mais ne me regarde pas comme ça, je te le dis, je n'aime pas ton œil ! " Il essaya de se protéger de ce regard impassible. "Ça vous intéresse, n'est-ce pas ? Vous aimeriez présenter mon cas à vos amis influents de l'Est ? Vous, avec votre petit sac de pierres, votre petit marteau et vos gants ! Avez-vous déjà vu dans votre vie quelqu'un qui était" Pas un ange nickelé ? Avez-vous déjà rencontré un véritable canaille sorti d'un journal ? Avez-vous déjà vu un homme qui ne pouvait pas montrer son visage dans une colonie à la lumière du jour et qui devait accepter le travail de n'importe qui ça l'a gardé hors de vue ? Je ne sais pas pourquoi, mais je dois tirer ma gueule maintenant si ça me pend. Je dois bavarder ou devenir complètement fou !"

"Je comprends", dit le professeur.

"J'étais l'un de ces patriotes", poursuivit Budd, parlant presque machinalement, comme hypnotisé, "qui se sont enrôlés pour le boodle et ont ensuite quitté le pays pour faire du racket ailleurs."

"En fait, un sauteur de primes", a ajouté son auditeur.

"Oui," acquiesça le cuisinier, "c'est ce que j'étais. Ils payaient trois cents pièces d'or pour que des hommes susceptibles d'aller dans le Sud et d'éviter les balles, et c'était mieux que d'être enrôlé, alors je les ai rejoints. Oh, c'était le bon vieux temps, bon vieux temps!"

« Depuis combien de temps êtes-vous en service ?

"Environ une heure et quart la première fois", répondit Budd. "C'est arrivé à New York, et quand j'ai signé le rôle, ils m'ont mis dans une escouade pour partir quelque part chercher nos uniformes. Le sergent était un grand gars, plus vert que les épinards, qui était venu du Maine une semaine. auparavant, et il n'en savait pas plus sur New York qu'un veau n'en sait sur la Nouvelle Jérusalem ; mais il a bluffé et a demandé à mon voisin, qui s'appelait Butch, de lui donner des points à chaque coin de rue. Eh bien, Butch » dirigé, et Ses Plumes continuaient à commander « Colonne à gauche ! et « Colonne à droite ! » jusqu'à ce que nous arrivions au type de quartier le plus difficile : les usines à gaz, les chantiers de bois et autres. Je ne connaissais pas le jeu, mais je m'y suis laissé assez vite quand Butch dit à voix basse : « Voici notre chance ! et c'était la meilleure chance qu'un nouveau débutant ait jamais eu. Vous voyez, à l'époque où il y avait un incendie assez proche, tout le monde était invité à prendre la main et à aider à tirer la machine, et il y avait toujours une foule qui venait crier. et maintenir l'excitation. Eh bien, c'est le genre de groupe auquel nous sommes confrontés. Ils remplissaient toute la rue, criant et poussant, et un homme devait soit se retourner et courir avec eux, soit se faire renverser. Je n'ai pas arrêté de le faire. voyez ce qu'est devenu l'équilibre de l'équipe. J'ai monté une rue et descendu une autre, allant comme un lapin, jusqu'à ce que je me sois retrouvé devant un ferry. J'ai payé mon billet et j'ai traversé la rivière, juste pour avoir une chance de réfléchir. ".

"Tout à fait", sympathisa le professeur.

"Je n'ai jamais voulu faire de mal", protesta le cuisinier. "Pas à ce moment-là. Cela n'aurait pas eu beaucoup de sens de revenir en arrière, surtout quand il y avait d'autres bureaux de recrutement juste là, à Jersey City. J'en ai reçu trois cents de plus, mais mon nouveau L'un de mes vêtements a été abîmé lorsque je suis tombé du transport dans le noir la nuit précédant notre départ et que je me suis noyé. Oh, c'était assez facile à l'époque, avant que beaucoup d'idiots ne se lancent dans cette affaire. Mais cela s'est tellement passé au fil du temps que nous, les professionnels, avons dû nous tenir à l'écart des villes et jouer dans les stations de campagne - les comités de citoyens, les associations d'aide aux femmes et le vacarme de substitution. Parfois, je faisais le garçon de fermier avec des bottes en peau de vache et des graines de foin dans les cheveux, et je parlais de l'hypothèque sur le vieux endroit, et l'enfant qui était attendu ; et il n'y avait rien qu'ils ne feraient pas pour que je puisse laisser les gens à l'aise quand je partais à la guerre. Oh, c'étaient des moments formidables. Un jour, le lendemain ! "

« Et… et est-ce que la sortie a été aussi facile ? » a demandé son auditeur.

"Pas tout à fait", a admis Budd ; " mais assez proche. Disons que vous étiez dans un camp d'instruction ; alors ce pourrait être une passe, ou un petit quelque chose pour la sentinelle, ou un brickbat dans le noir, si vous pouviez lancer droit. J'ai donné cinquante dollars à un homme pour qu'il me laisse une fois, puis le connard m'a pêché, la vérité s'est faufilée ! Mais je me suis vengé avec lui plus tard. Alors je suis parti en marche hors de Philadelphie avec le groupe qui jouait et les femmes qui pleuraient et les hommes ce qui était trop délicat pour aller chanter eux-mêmes "Que Dieu vous bénisse, les garçons!" Je vous dis, professeur, pendant un instant, j'ai failli souhaiter jouer au carré.

"Un sentiment passager, j'en suis sûr", a déclaré le géologue.

"Bien sûr!" s'écria Budd, ravi de la sympathie de son auditeur. "J'aimerais voir le sentiment qui persisterait après quelques nuits à construire des retranchements sous la pluie. Comment pourrais-je m'en empêcher si, lorsque le dos de la sentinelle était tourné, la pioche s'envolait de ma main et le coupait juste derrière l'oreille. "C'était le même connard qui avait bloqué mon jeu la semaine précédente."

"Bien!" rit le professeur.

"Il est tombé," poursuivit le cuisinier, "et c'était tout ce que je voulais. Je me suis allumé et je suis resté allongé dans des granges et des crèches de maïs, vivant de carottes crues et des œufs que j'ai trouvés dans la paille, jusqu'à ce que je devine qu'ils devaient être fatigués. Je me cherchais, et puis un matin tôt, je me suis glissé dehors et j'ai effrayé une vieille tante noire qui nourrissait les poulets en crises. Mais je pense que je n'étais pas le premier oiseau étrange qu'elle avait vu cet été-là, car elle m'a nourri, et ce soir-là, elle m'a orienté vers un de ses amis qui travaillait dans le secteur de l'habillement et faisait de petites soirées de troc. Il facturait cent pour un costume de seconde main et vingt pour une coupe de cheveux et un rasage - nous, les enrôlés, ne nous disputions jamais . pour des bagatelles - et m'a renvoyé en Pennsylvanie. Mais peut-être que vous ne le croirez pas - à ce moment-là, j'avais perdu mon sang-froid. J'avais l'idée dans ma tête que tous les hommes qui regardaient dans ma direction m'espionnaient. Je pouvais Je ne passais pas le moment de la journée avec quelqu'un qui ne semblait pas parler de déserteurs. J'avais peur de faire changer une pièce d'or, car tout l'or avait disparu à cette époque, et le simple fait d'en avoir une était suspect. Alors, que penses-tu que j'ai fait ? Je suis entré directement dans un poste de recrutement et je me suis enrôlé sans toucher un centime. "Rah pour le drapeau!" Je dis. 'Donne-moi une arme. Je veux me battre. "C'était à Pittsburgh."

Le sursaut du professeur fut trop léger pour interrompre le récit, mais si possible, sa vigilance s'approfondit ; il se pencha en avant et ses yeux fixèrent ceux de Budd.

"Oui", a poursuivi le cuisinier, "à Pittsburgh. Même vieux groupe; mêmes vieux mouchoirs agités; même vieux 'Que Dieu vous bénisse, les garçons!' Au début, je pensais que j'allais bien et que ce serait le même vieux jeu, mais ce n'était pas le cas. Ils m'avaient repéré avec beaucoup d'autres, et ils nous gardaient gardés comme une meute de bêtes sauvages, pendant tout ce que nous étions enrôlés. régulier dans le 120e Pennsylvanie.

« La 120e Pennsylvanie ? » répéta lentement le professeur.

"C'est ce que j'ai dit !" Budd a répondu à l'interruption. " Et je vous ai dit que ce n'était pas une façon de traiter les hommes. Nous devions être une quarantaine enfermés dans un fourgon à bagages, sans lumière ni air, mais par une porte ouverte au fond, et nous sommes restés là pendant des jours et des nuits, et un groupe difficile aussi ! Des hommes de primes, des remplaçants et des camions enrôlés, se précipitant vers l'avant, maudissant notre chance, et chacun d'entre nous était prêt à s'enfuir à la première occasion. J'ai tenu bon jusqu'à ce que j'entende les canons rugir comme un péché, pas cinq À des kilomètres de là. Dites, avez-vous déjà entendu ce son ? Avez-vous déjà entendu une arme à feu dont vous saviez qu'elle avait été tirée sur de vrais hommes et les avait envoyés à Kingdom Come ? Je l'ai entendu une fois, et c'était suffisant. Nous étions allongés à plat sur le sol, côte à côte comme si nous étions déjà morts, et à côté de moi il y avait un type d'allure allemande, qui priait et jurait, tourne-toi, depuis que nous avons commencé. Quand il a entendu les tirs, il s'est débarrassé de sa noix; il' Il se serait fait exploser la cervelle plutôt que de prendre le risque de laisser quelqu'un d'autre le faire à sa place ; il aurait combattu seul l'armée de l'Union plutôt que de les écouter tirer une minute de plus. Eh bien, pour faire court, lui et moi, nous avons mis au point un plan. »

L'orateur retint son souffle pour écouter, car la forêt semblait soudain vivante de sons et de mouvements. Un nuage balaya la vallée de North Fork, si bas que des lambeaux de scud restèrent coincés dans les branches les plus hautes. La grêle crépitait sur les herbes grillagées. Les rideaux de la tente battaient bruyamment et, dans l'ombre, les feuilles de tremble brillaient de blanc, comme si une armée en mailles sortait d'une embuscade.

"Continue!" » insista le professeur, et le cuisinier leva un poing musclé et le secoua en direction de l'univers avec défi.

"Je vais le dire maintenant", s'écria-t-il, "et tous les vents qui ont jamais soufflé ne me crieront pas ! Voici comment c'était." Il s'est plié et le professeur l'a incité.

« C'est là que vous reposez », dit-il en faisant un geste pour indiquer les rangs d'hommes tremblants.

"C'est là que nous nous trouvons", répéta Budd d'un ton sourd.

"Et voilà la porte", dit doucement le professeur. Il désigna un arbre au bord du canon.

"Oui oui!" s'écria Budd, "voilà la porte. La plate-forme était à l'extérieur, et il y en avait deux qui montaient la garde. Je devais sauter le premier... alors," il se leva d'un bond, "et m'attaquer à celui le plus éloigné. Le Hollandais devait attraper l'autre." par derrière. Le mien était un jeune homme corpulent.

— Un gros garçon, répéta le professeur.

"Oui", et le cuisinier resta immobile comme si une vision s'élevait devant lui. "Je peux le voir maintenant, avec le dos droit et des cheveux bruns bouclés et impeccables."

"Un peu frisé", murmura l'autre.

"Percy, ils l'ont appelé", a déclaré Budd.

"Percy ?" répéta le professeur. "Tu es sûr que c'était Percy ?"

"Bien sûr, puisque tu es assis là !" s'écria Budd. "'Gardez les yeux ouverts, Percy, ce sont des méchants.' "C'est ce que lui a dit le caporal lorsqu'il montait la garde. Seigneur ! mais c'était dommage !" Il rit bêtement, se balançant sur ses pieds.

"Et alors ?" » demanda l'homme de Charbridge en se levant lentement.

Budd se recroquevillait devant les yeux de son interlocuteur, comme il aurait pu se recroqueviller lorsque ces longs canons silencieux retentissaient si le grand jeune homme s'était retourné.

"Rien!" il maternait d'un air maussade. "Rien, alors aide-moi mon Dieu ! Je ne l'ai pas fait."

"Tu mens!" rétorqua doucement le petit homme.

Budd eut un rire idiot. "C'est là que nous nous trouvons", balbutia-t-il, "juste là où se trouve votre pied, moi et le Hollandais et le reste d'entre nous, et voici la porte..."

Il se dirigea vers le tremble et posa une main sur son tronc pour l'empêcher de tomber. Le professeur le suivit et se tint juste derrière.

"Que veux-tu?" s'écria Budd, se retournant soudain en panique.

"Pour connaître les circonstances de la mort de mon frère", répondit l'autre entre des lèvres qui bougeaient à peine.

La voix des pins était comme le grondement d'un train ; les vents soufflaient depuis la limite des bois comme des tonnerres d'artillerie ; les grêlons frappaient les feuilles des trembles comme des balles, et par-dessus tout le rire de Budd résonnait d'une gaieté maniaque.

Le professeur maintenait son regard fixement ; puis brusquement : « Dégagez le garde ! il cria.

"Étouffe-le, gros imbécile hollandais !" Budd a répondu en réponse, alors qu'il luttait avec ses bras nus contre un adversaire invisible.

Celui au dos droit et aux cheveux bouclés avait été un jeune homme fort, mais, pris par surprise, le combat allait forcément se retourner contre lui. Une fois, semblait-il, il avait mis Budd à genoux ; une fois, il l'avait presque éjecté de la voiture à bascule ; mais son sac à dos devait le gêner, ainsi que son mousquet et sa lourde giberne. Le sauteur de la prime s'est battu en silence et avec une méthode désespérée, gagnant l'avantage à chaque instant ; tandis qu'une main pinçait un avant-bras fantôme, l'autre se refermait avec une prise meurtrière sur une gorge fantomatique. Pendant ce temps, le professeur restait là, les bras croisés, et observait d'un œil critique, aurait-on pensé impartialement.

C'était bientôt fini et Budd respirait fort. Alors-

"Saute pour sauver ta vie !" ordonna le professeur.

Sans un instant d'hésitation, Budd se glissa jusqu'au bord du canon et regarda en dessous.

"D'accord!" Il murmura. "Au revoir, Dutch ! Nous sommes libres !"

Et avec une dernière prise sur le tremble, il se balança par-dessus le bord et tomba.

Les garçons étaient assez fous pour ne trouver aucun souper prêt quand ils revenaient de la forêt ; mais ce n'était pas surprenant, car Budd n'était jamais du genre à donner un long préavis lorsqu'il changeait d'habitation. Et si quelque part sur une étagère élevée dans une université de l'Est – pas à Charbridge, d'ailleurs – il y a encore un cube de roche rouge intitulé « North Fork Cañon », c'est le seul mémorial qui reste de l'homme sans pension.

LA FIN